O DIÁRIO DE LEITURAS

O DIÁRIO DE LEITURAS
**A Introdução de um Novo
Instrumento na Escola**

Anna Rachel Machado

Martins Fontes
São Paulo 1998

Copyright © Livraria Martins Fontes Editora Ltda.,
São Paulo, 1998, para a presente edição.

1ª edição
agosto de 1998

Preparação do original
VADIM VALENTINOVITCH NIKITIN

Revisão gráfica
Maria Cecilia de Moura Madarás
Teresa Cecília de Oliveira Ramos
Produção gráfica
Geraldo Alves
Paginação/Fotolitos
Studio 3 Desenvolvimento Editorial (6957-7653)

Dados Internacionais de Catalogação na Publicação (CIP)
(Câmara Brasileira do Livro, SP, Brasil)

Machado, Anna Rachel
  O diário de leituras : a introdução de um novo instrumento na escola / Anna Rachel Machado. – São Paulo : Martins Fontes, 1998.
  – (Texto e linguagem)

Bibliografia.
ISBN 85-336-0929-9

1. Análise do discurso narrativo 2. Leitura 3. Prática de ensino 4. Sociolingüística I. Título. II. Série.

98-3162   CDD-410

Índices para catálogo sistemático:
1. Diário de leitura : Lingüística 410

Todos os direitos para a língua portuguesa reservados à
Livraria Martins Fontes Editora Ltda.
Rua Conselheiro Ramalho, 330/340
01325-000 São Paulo SP Brasil
Tel. (011) 239-3677 Fax (011) 3105-6867
e-mail: info@martinsfontes.com
http://www.martinsfontes.com

Índice

Agradecimentos **XIII**
Prefácio **XV**
Introdução **XXVII**

PARTE I **Pressupostos teóricos para a utilização do diário em situação escolar 1**

Capítulo 1 Ação e gênero de textos **3**
Capítulo 2 O gênero diário e sua utilização na prática e na pesquisa educacional **21**

PARTE II **A pesquisa 55**

Capítulo 3 O quadro teórico da análise dos textos **57**
  1. A teoria do funcionamento do discurso **57**
  2. A teoria da organização seqüencial **74**
Capítulo 4 Questões metodológicas **107**
Capítulo 5 Representações sobre os parâmetros da situação de comunicação e sobre o diário de leituras **129**

Capítulo 6 Características discursivas dos textos produzidos **143**
    1. Primeiro grupo **143**
        1.1 As unidades que indicam implicação dos parâmetros da situação de comunicação **143**
        1.2 As unidades que indicam conjunção ou disjunção do mundo discursivo em relação ao mundo da situação de comunicação **146**
    2. Segundo grupo **148**
        2.1 As unidades que indicam implicação dos parâmetros da situação de comunicação **148**
        2.2 As unidades que indicam conjunção ou disjunção do mundo discursivo em relação ao mundo da situação de comunicação **157**
    3. Comparação entre as médias globais de freqüência das unidades lingüísticas nos três grupos **161**

Capítulo 7 A organização seqüencial e os planos de texto **165**
    1. Diários do grupo mais teórico **166**
    2. Diários interativos com marcas de destinatário **184**
    3. Diários interativos sem marcas de destinatário **208**
    4. Conclusões sobre os planos de texto e sobre a organização seqüencial dos textos analisados **224**

Capítulo 8 Conclusões **229**
Notas **247**
Referências bibliográficas **255**
Anexos **261**

Ao Júnior
e ao Edu,

por tudo o que as palavras podem dizer,
por tudo o que elas não dizem.

Fome de livros
se apossa de mim
quero deixar claro
o que quero
desfio-me na leitura
como um autor sem nome
no fim de si mesmo
da mensagem una
da minha bibliografia.

Desfio
o escrever
para nascer
a cada nova página.
Desafio
a reescrever-me, enfim.

Desafio
transferir
traduzir
milhões de papéis
e apalpá-los
na consciência.

distância
no acreditar e agir
no pensar e escrever
fragmentos
do que somos
uma coisa só

deliciosa
conclusão:
poder nascer
a cada página
um pouco.

Valéria Litvak, a partir de diários de leitura
de Mariana Caetano Barbosa.

Agradecimentos

– com especial carinho, a meus dois orientadores – Jean-Paul Bronckart e Maria Cecília Magalhães – por me incentivarem e guiarem na aventura do conhecimento e, mais que tudo, pela amizade construída no caminho;
 – a Bernard Schneuwly e Egon de Oliveira Rangel, pelas pistas de reflexão sempre indispensáveis;
 – a toda a equipe do serviço de Didática de Línguas da Faculdade de Psicologia e Ciências da Educação da Universidade de Genebra, pelas diferentes formas de apoio científico e pessoal durante a elaboração deste trabalho;
 – a minhas irmãs e a meus amigos, pela paciência de me ouvirem nos períodos de crise e de alegria;
 – a todos os alunos que comigo apostaram em novas experiências e, de forma muito especial, às alunas Mariana Caetano Barbosa, Lia Mara Sacon, Marily Gallote da Costa e Fabiana Bittencourt Fevorini, pelo entusiasmo contagiante e pelo desejo de conhecer sempre mais;

– aos professores do LAEL da PUC/SP e, em especial, e Roxane H. Rojo, pelo incentivo dado à minha carreira acadêmica.

Finalmente, agradeço o apoio recebido da CAPES (Coordenadoria de Aperfeiçoamento do Pessoal de Ensino Superior) e da Universidade de Genebra, sem o qual o desenvolvimento deste trabalho não teria sido possível.

Prefácio

No decorrer deste último quarto de século, as ciências humanas (a psicologia e a lingüística, em particular) foram dominadas pela ideologia cognitivista e, mais particularmente, pelo modularismo de Chomsky (1970) e de Fodor (1986). Para essa corrente de pensamento, os comportamentos humanos estariam totalmente sob dependência de um "sistema mental de tratamento da informação", organizado em módulos que regeriam competências específicas e cujas propriedades estruturais e funcionais seriam apenas um reflexo das propriedades biológicas do cérebro, excluindo-se todo efeito dos processos de aprendizagem. Nessa perspectiva, o desenvolvimento das capacidades mentais constituir-se-ia em uma espécie de auto-realização dessas conpetências inatas e os comportamentos empiricamente observáveis seriam apenas "causados" por essas propriedades do "espírito". Como, de fato, sustenta Fodor de forma explícita, "o comportamento é organizado, mas a organização do comportamento não é senão um efeito; a estrutura mental causa a estrutura do comportamento" (1986, p. 13).

Poder-se-ia discutir longamente sobre o estatuto filosófico desse postulado e mostrar, como já o fizemos anteriormente (Bronckart, 1995, 1996), que a chamada "revolução cognitivista se articula, na verdade, com uma verdadeira *regressão* do questionamento epistemológico, a qual despreza as profundas discussões sobre as possibilidades de interação entre dimensões mentais e comportamentais, tais como foram formuladas pelos próprios filósofos nos quais essa corrente pretende se inspirar (Descartes e Kant notadamente). Do mesmo modo, poder-se-ia mostrar que essa abordagem se encontra na incapacidade de integrar os construtos da psicologia piagetiana, tanto nos seus aspectos teóricos (a construção progressiva das estruturas mentais sob o efeito dos processos de interação), quanto nos metodológicos (a busca de explicação através de "modelos", fundada sobre o isomorfismo entre estruturas do pensamento operatório e estruturas dos comportamentos observáveis). Mas, de forma mais simples, será suficiente consultar os trabalhos empíricos realizados por inúmeros cognitivistas lúcidos (cf., em particular, Fayol, 1997; Sinclair, 1996) para constatar que os processos mentais que se desenvolvem para a solução de problemas comportamentais concretos se caracterizam por uma extraordinária variabilidade, e que essa variabilidade é, manifestamente, o produto do *contexto* particular no qual se realizam os comportamentos analisados. Variabilidade e dependência contextual que são – de fato – incompatíveis com a tese da auto-realização de competências mentais, inatas e universais.

Assim, se ninguém pensa em negar a existência de um substrato biológico específico ao homem, a questão maior que continua se colocando é a das condições do desenvolvimento das capacidades mentais e comportamentais humanas, em sua complexidade e variabilidade efetivas. Para abordar seriamente essa questão, convém levar em conta alguns dados simples e evidentes que a ideologia inatista-mentalista teima em ocultar.

Primeiramente, como já destacava Hegel, as múltiplas produções humanas, sejam elas materiais, culturais, políticas ou artísticas, atestam que o funcionamento desses organismos se libertou definitivamente das restrições biológicas e ambientais que continuam a condicionar a vida dos outros organismos vivos. A atividade humana é fundamentalmente *coletiva*; ela se organiza no quadro de *formações sociais*; enfim, ela gera instrumentos materiais e representacionais que, acumulando-se e transmitindo-se no curso da *história*, transformam o ambiente em um meio ao mesmo tempo físico, social, histórico e cultural.

– Em segundo lugar, como sublinharam Marx, Engels e mais tarde Habermas (1987), a organização dos grupos sociais e das atividades produtivas que neles se realizam está indissoluvelmente ligada à emergência de *capacidades semióticas* específicas. Os discursos (e os signos que eles veiculam) são fundadores do social, pois permitem o compartilhamento das representações do mundo e a avaliação da atividade que nele se desenvolve; além disso, na medida em que constituem objeto de apropriação e de *interiorização* por parte de cada agente social, eles são, ao mesmo tempo, fundadores da *pessoa* pensante e consciente.

– Enfim, essa pessoa humana só se desenvolve efetivamente sob o efeito de *intervenções sociais*; seja no quadro de procedimentos "naturais" ou "formais" (escolares), os adultos e os pares desenvolvem atividades de *formação* e/ou *educação* que visam, principalmente, a transmitir as aquisições e que exploram todos os recursos da linguagem. A pessoa se constrói, portanto, no quadro de um longo processo de *aprendizagem social*.

Essas são as três ordens de considerações que conduziram Vigotski (1926/1997) a formular os princípios gerais do interacionismo social, e é na continuidade desses princípios que, de nossa parte, tentamos desenvolver uma abordagem que qualificamos de *interacionismo sociodiscursivo* (cf. Bronckart, 1997; Bronckart *et al.*, 1996).

Tal procedimento, uma vez que considera que as dimensões sociológicas e históricas são primeiras, no sentido de que constituem o *explicans* das dimensões psicológicas, centra-se, em primeiro lugar, na atividade coletiva. Esta se apresenta, de um lado, sob a forma de "práticas", mas, como já assinalamos, também se torna objeto de avaliações sociais codificadas nos discursos ou nos textos. Em seguida, esse procedimento tenta demonstrar que as capacidades propriamente psicológicas (no sentido de "imputáveis a um agente singular") procedem, secundariamente, da apropriação e da interiozação dos modelos de atividades social, tais como são avaliados ou comentados pelas produções textuais. Essa demonstração requer que essas capacidades psicológicas não sejam entendidas nem apenas sob o ângulo comportamental (behaviorismo), nem apenas sob o ângulo das capacidades mentais, intelectuais (cognitivismo) ou afetivas (psicanálise), mas sob o ângulo das **ações**, práticas e/ou verbais, enquanto unidades funcionais que integram as capacidades mentais e comportamentais. Enfim, esse procedimento visa a colocar em evidência as condições sob as quais as intervenções formativas guiam eficazmente a apropriação dos modelos de ação e de texto e, como já observava Vigotski, transformam, nessa medida, o desenvolvimento natural em um desenvolvimento sócio-histórico.

Tratando-se mais especificamente da atividade de linguagem, essa abordagem coloca, em primeiro lugar, a existência de **gêneros de textos**, como *formas de comunicação* construídas pelas formações sociais e adaptadas a tipos determinados de atividade prática. Disponíveis no **intertexto**, esses gêneros são especialmente portadores da experiência social acumulada pelas gerações anteriores e têm, por essa razão, uma função de clarificação da atividade humana (cf. Ricoeur, 1986). O humano singular que empreende uma ação verbal dispõe, certamente, de representações sobre o conteúdo temático que deseja semiotizar, assim como de representações do contexto material e sócio-subjetivo de sua ação. Mas ele dispõe também de um conhecimento desses gêneros de textos "já-existentes" e de sua adequação às situações de ação. O texto empírico que ele irá produzir resultará, necessariamente, da *colocação em interface* dessas duas ordens de conhecimentos. Ele escolherá como modelo o gênero de texto que lhe parecer mais apropriado à situação de ação tal como ele a representa, e transformará parcialmente esse modelo em função das características singulares da situação, contribuindo, dessa forma, para a evolução histórica permanente dos gêneros. Esse processo é capital, pois constitui uma etapa (tão modesta quanto se queira) do processo geral de desenvolvimento dos conhecimentos coletivos: o agente de uma ação verbal se confronta com a experiência cultural adquirida, assimila-a e transforma-a e, desse modo, progride na compreensão dos outros e na compreensão de si mesmo. Mas esse processo é igualmente complexo, em razão da variedade dos modelos textuais e do encavalamento de seus níveis de organização (planos, tipos de discurso, tipos de seqüências, mecanismos de textualização, de tomada de posição enunciativa, etc.); assim, a maestria textual requer – sem dúvida, mais que outros tipos de maestria – a intervenção ativa de formadores e o desenvolvimento de uma didática específica.

Numerosos trabalhos empíricos foram realizados no quadro teórico que evocamos. Entre eles, o estudo que Anna Rachel Machado nos apresenta neste livro e que nos parece particularmente exemplar.

Este trabalho se articula, primeiramente, com um procedimento *formativo* ou didático: a produção de *diários reflexivos de leitura*, quadro de um curso universitário ministrado pela autora. Mais precisamente, ela propunha a seus alunos a leitura de um texto e pedia-lhes que redigissem, à medida que iam lendo, um *diário* na primeira pessoa, relatando as reflexões, questões e problemas que a atividade de leitura suscitava e relacionando essas questões com os conhecimentos que já tinham adquirido.

Procedimento original e criativo, na medida em que consiste em *textualizar* o próprio processo de aprendizagem e de desenvolvimento de conhecimentos, em materializá-lo e em permitir, desse modo, um *retorno avaliativo* (tanto da parte dos alunos quanto da professora) sobre o processo didático em curso. No entanto, é um procedimento igualmente complexo para os interagentes: os alunos ficavam perplexos quanto ao "modelo" de gênero a ser adotado e quanto às características lingüísticas do texto a ser produzido; e à professora, por outro lado, faltavam referências teóricas para guiar o trabalho dos alunos e para comentar/avaliar os textos que eles produziam. A pesquisa realizada tinha então por objetivos: aprofundar os fundamentos teóricos e as implicações formativas de um tal procedimento didático; definir a situação em que os alunos estavam colocados e o estatuto do(s) gêneros(s) de textos apropriados e essa situação; analisar, mais tecnicamente, as propriedades lingüísticas efetivas dos textos que os alunos tinham produzido; enfim, com base nisso, identificar o conjunto de elementos que poderiam contribuir para aprimorar o procedimento didático em curso.

Para isso, Anna Rachel Machado procedeu, primeiramente, a uma longa investigação teórica, centrada, por um lado, no estatuto e nas características dos *diários de leitura*, nas suas condições de uso gerais e no seu uso didático, e, por outro, nas referências teóricas fundadoras do interacionismo social, que acabamos de evocar. Convém sublinhar aqui a adequação e a precisão desses capítulos introdutórios, em particular o notável resumo das principais implicações da *teoria da ação comunicativa* de Habermas, assim como a apresentação da mais recente versão de nosso modelo de análise dos discursos, que, até agora, não tem equivalente.

A análise empírica do *corpus* de textos (79 exemplares) produzidos pelos alunos desenvolveu-se em três fases encadeadas.

Em primeiro lugar, um estudo dos parâmetros da situação de ação verbal subjacente à produção dos diários de leitura. Estudo fundado nos comentários metatextuais identificáveis no próprio *corpus* e que salienta, com muita pertinência, as dimensões representacionais dessa situação; um contexto de ação comporta, certamente, diversas propriedades materiais (espaço-tempo de produção e condições objetivas de trabalho), mas, em razão do próprio estatuto *integrativo* da ação, que antes assinalamos, esse contexto se define também, e principalmente, pelo estado de conhecimentos do agente quanto aos modelos disponíveis no intertexto e quanto às implicações sócio-subjetivas de sua ação (posição institucional, natureza da relação com a professora, imagem que se dá de si mesmo de um texto, etc.)

Em segundo lugar, uma análise quantitativa das propriedades lingüísticas dos textos, visando a determinar os *tipos de discurso* que compunham esses textos. No quadro de referência adotado, essa noção de "tipo de discurso" designa segmentos de texto que testemunham a elaboração de um *mundo discursivo* específico e que apresentam as *marcas lingüísticas* das condições dessa elaboração. Os mundos da ordem do NARRAR podem ou implicar os parâmetros da situação de ação ou ser totalmente autônomos em relação a essa situação, o que se traduz, respectivamente, pelos tipos de discurso *relato interativo* ou *narração*, identificáveis por configurações de unidades lingüísticas específicas. Do mesmo modo, os mundos da ordem do EXPOR podem ou ter uma relação de implicação ou uma relação de autonomia em relação aos parâmetros da ação, o que se traduz respectivamente pelos tipos *discurso interativo* e *dis-*

curso teórico, identificáveis por configurações específicas de unidades lingüísticas. Perfeitamente conduzida, a análise de Anna Rachel Machado revela que a dificuldade específica da produção dos diários de leitura relaciona-se às condições de articulação de segmentos de *discurso interativo* e de *discurso teórico*. Os segmentos do primeiro tipo são certamente majoritários, mas, na realidade, a maior parte dos segmentos inclui características dos dois tipos, dando lugar a *discursos mistos interativo-teóricos*, embora com variações de dominantes, que permitem que a autora fale de tipos *mais interativos* ou *mais teóricos*.

Como os resultados desse último estudo fornecem, por definição, apenas uma imagem estatística global das propriedades dos textos, a autora desenvolveu, então, um terceiro procedimento analítico, mais qualitativo, incindindo sobre os planos gerais de texto e sobre *seqüencialidades* que neles eram atestáveis. Elaborada por Adam (1990), a noção de "seqüencialidade" designa modalidades locais de organização do conteúdo temático, que testemunham a adoção de um modelo convencional de articulação das proposições, indissoluvelmente cognitivo e discursivo (esquema narrativo, seqüência argumentativa, explicativa, injuntiva, descritiva, dialógica, etc.). De grande maestria técnica, essa análise dos planos e das seqüencialidades evidencia a heterogeneidade dos processos de planificação (do texto claramente regido por um plano geral ao texto sem planificação aparente), assim como a dominância maciça das seqüências explicativas e descritivas. Mas ela mostra, sobretudo, que a dificuldade de gestão desse gênero de texto está ligada, essencialmente, à articulação de seqüências diferentes, seqüências condicionadas pelos processos cognitivo-discursivos requeridos pela tarefa (descrever o conteúdo do texto lido, explicar os problemas que ele coloca, defender e/ou argumentar em favor da reação que o texto suscita, etc.). O conjunto dos resultados assim obtidos permite, conforme desejava a autora, uma clarificação das implicações e dos problemas de uma experiência didática que explore os diários de leitura. Em primeiro lugar, eles confirmam o valor particularmente formativo da tarefa proposta, que resulta do caráter metaprocedimental dos textos a serem produzidos. Mas confirmam também que, ao realizar essa tarefa, os alunos se encontram colocados em uma situação de ação verbal particularmente complexa, que os obriga a se servirem de um modelo de gênero disponível no intertexto (o gênero *diário íntimo*) e, ao mesmo tempo, a transformar as propriedades desse modelo, de forma significativa, em função dos parâmetros muito específicos da interação didática em curso.

Essa conceituação das dificuldades permite identificar as modificações que a professora poderia introduzir em seu trabalho: introdução de atividades preparatórias de discussão de problemas que a tarefa coloca; explicitação do estatuto sócio-subjetivo da ação verbal requisitada, que implica uma modificação importante de atitude pedagógica (ou do *contrato didático*); formulação de instruções técnicas relativas às características do texto esperado (tipo, plano, seqüência), etc.

Além disso, em virtude de sua qualidade intrínseca, esse trabalho permite um retorno frutífero sobre certos aspectos do quadro teórico e metodológico que nele foi explorado. As reflexões críticas introduzidas quanto à nossa conceituação dos planos de texto ou do estatuto efetivo do tipo misto-teórico são altamente pertinentes e já conduziram a uma revisão parcial dessa mesma conceituação. Além do mais, a análise das seqüencialidades, no quadro de gêneros em que elas não tinham sido estudadas até então, permitiu evidenciar certas propriedades, mais sutis, que não tinham sido ainda identificadas. Enfim, este estudo fornece, pela primeira vez, as bases de uma descrição detalhada do gênero *diário de leituras*, como uma entidade que reúne propriedades do gêneros *diário íntimo, resumo* e *comentário de texto.*

Trabalho notável, portanto, que tive a honra e o prazer de co-dirigir e que me deu, além disso, um verdadeiro prazer de leitura, a despeito de meu domínio muito relativo do português. Sob o estilo austero da argumentação científica, aflora de fato, permanentemente, o prazer da autora, a profundidade de seu investimento e o olhar definitivamente poético que dirige aos textos dos outros, assim como à sua própria experiência.

E não duvido que esse prazer de leitura será compartilhado por todos aqueles que, por sua vez, mergulharem nesta obra.

Jean-Paul Bronckart

Menthonnex, 12 de abril de 1997

Introdução

O objetivo maior da publicação deste livro é o de colocar em circulação a discussão do papel que pode desempenhar na escola – e, mais especificamente, no desenvolvimento da atividade de leitura – a utilização de um gênero até agora muito pouco explorado no ensino brasileiro, que é o chamado *diário de leituras*. Embora esse seja o objetivo central, espero ainda que a exposição do quadro teórico básico possa contribuir efetivamente para a difusão de um modelo de produção de discursos, comprometido com uma visão interacionista-social da psicologia da linguagem, e que considero bastante adequado tanto para a análise quanto para o ensino/aprendizagem de diferentes gêneros de texto.

Dessa forma, tomo como meus interlocutores tanto os pesquisadores que se voltam para essas questões quanto os profissionais que atuam diretamente na área da educação.

Para atingir os objetivos propostos, apresento aqui o trabalho que desenvolvi e que foi apresentado como tese de doutorado no Programa de Estudos Pós-Graduados em Lingüística Aplicada ao Ensino de Línguas da PUC de São Paulo, na qual examino alguns aspectos de minha primeira experiência didática com a utilização do diário de leituras, da qual participaram alunos do primeiro ano de Jornalismo da PUC-SP.

Meu interesse por essa utilização não nasceu apenas a partir de uma visão teórica qualquer, mas sobretudo de uma vivência pessoal de produção de diários de leitura, elaborados para a disciplina Avaliação de Aprendizagem, em meu curso de pós-graduação, ministrada, em 1992, pela Prof.ª Dr.ª Maria Cecília Camargo Magalhães. De forma simplificada, esse diário consistia na produção de um texto que se fazia *à medida que* se lia um texto teórico indicado pela professora, em primeira pessoa, buscando-se relacionar seus conteúdos a quaisquer outros conhecimentos que se tivesse e à pesquisa que cada aluno pretendia realizar.

Logo nas minhas primeiras produções, que se baseavam, naquele momento, em uma coletânea de artigos de Vigotski, a adesão a esse tipo de escritura, tanto do ponto de vista pessoal quanto teórico, foi imediata. Do ponto de vista teórico, pude facilmente verificar que a produção de um diário de leituras vinha ao encontro de alguns dos pressupostos teóricos que eram por mim mantidos em relação ao processo de leitura e que já eram, àquela época, consensualmente aceitos pelos pesquisadores dessa área. Por exemplo, percebia que essa produção, de acordo com as instruções dadas, propiciava a criação de determinadas condições de produção da leitura, diferenciadas das que até então eu vivenciara, que a obrigava a ser mais lenta, possibilitando o uso estratégico e consciente de vários tipos de informação, a interação entre essas informações e uma interação mais efetiva entre o leitor e o texto. Em síntese, uma leitura que me parecia mais crítica e criativa. Ao mesmo tempo, percebia que escrever o diário de leituras acabava conduzindo-me a uma reflexão constante sobre o processo de leitura, sobre o processo da escrita, sobre a própria situação de comunicação em que os diários eram produzidos; em suma, sobre inúmeras questões que estão envolvidas no uso efetivo da linguagem. Além disso, observava claramente que as discussões em sala de aula, no curso de Pós-Graduação, ganhavam uma nova dimensão.

Motivada ainda pelas leituras dos textos de Vigotski, passei a considerar que esse tipo de produção – e a forma de encaminhá-la e de aproveitá-la para as discussões – constituía-se como um instrumento que favorecia um novo tipo de relações na sala de aula, facilitando a elaboração de um discurso mais pessoal de cada aluno, levando a uma troca mais efetiva e à modificação produtiva das relações sociais que se estabelecem em sala de aula. Dessa forma, mesmo com a falta de elaboração teórica mais formalizada, introduzi imediatamente a produção do diário de leituras como prática central das aulas que naquele momento eram por mim ministradas a alunos do 1º ano do Curso de Jornalismo da PUC de São Paulo.

Logo nos primeiros diários dos alunos, a uma simples leitura, e depois com um primeiro trabalho de análise mais sistemático dos diários e dos questionários de avaliação, obtive comprovação, para mim satisfatória, de minhas intuições iniciais. De fato, o diário se configurava como um instrumento que permitia ao aluno a conscientização, a reflexão sobre seus próprios processos, tanto de leitura e de produção quanto de aprendizagem em geral, além de permitir que o professor detectasse o estado real de cada aluno em relação a esses processos, podendo ele, assim, interferir mais eficazmente para o seu desenvolvimento. Além disso, a prática na sala de aula, os depoimentos orais dos alunos, mesmo fora da sala de aula, inclusive propondo-me a continuação do trabalho fora dos cursos regulamentares, o interesse de alguns colegas pela proposta, alguns dos quais passaram a utilizá-la em suas aulas, com retorno positivo, os bons resultados de cursos subseqüentes, tudo isso ia na mesma direção.

À medida que os cursos iam-se sucedendo, a percepção das dificuldades de alguns alunos na produção do diário ia me incitando a reelaborar a forma de encaminhá-la, o que ia favorecendo a produção de diários bem mais elaborados do que os do primeiro curso, que é enfocado neste trabalho. Assim, o ensino da própria escrita diarista passava a ser o foco central desses cursos, o que ia sendo desenvolvido de forma mais ou menos intuitiva. Pouco a pouco, convencia-me de que era necessário *aprender a ensinar* esse tipo de produção. Para isso, era-me necessário buscar um conhecimento maior sobre esse tipo de texto. Procurando encontrar subsídios teóricos para esse conhecimento, logo verifiquei, em pesquisas bibliográficas, que, embora já fosse possível encontrar o relato de inúmeras experiências, principalmente americanas, de utilização do diário para fins didáticos que apontavam para sua produtividade, a caracterização do diário de leituras, enquanto um tipo específico de discurso, ainda deixava muito a desejar. Dessa forma, foi para essa questão central que me voltei.

Foi com essas preocupações que busquei encontrar uma teoria do funcionamento de discurso que me fornecesse um método de análise que permitisse chegar às respostas desejadas, o que encontrei nos trabalhos desenvolvidos pela equipe da Seção de Didática de Línguas da Faculdade de Psicologica e de Ciências da Educação da Universidade de Genebra, chefiada pelo Prof. Jean-Paul Bronckart, sob cuja orientação passei a desenvolver meu trabalho. Além disso, naquele momento, considerava também fundamental buscar teorias consistentes com as quais pudesse ter uma visão mais clara dos princípios subjacentes à minha ação didática e que pudesse justificar a adoção desse gênero em sala de aula.

Dessa forma, o trabalho desenvolvido e aqui apresentado busca responder às seguintes questões:

– que princípios filosóficos, educacionais e discursivos podem justificar a utilização dos diários de leitura em sala de aula?
– que representações os alunos construíram da situação de produção específica em que os diários foram produzidos e em que essas representações auxiliaram ou dificultaram essa produção?
– quais são as características dos textos produzidos?
– a partir dessas três questões iniciais, como se pode interpretar e avaliar criticamente a ação da professora na experiência relatada?

Quero ainda deixar claro que não busco apresentar uma análise do processo de aprendizagem, nem comprovar empiricamente os benefícios da produção diarista na sala de aula, mas que efetuo análises dos diários produzidos, não como um fim em si mesmas, mas como um meio de colocar luz sobre eles, de forma a poder avaliar e explicar os problemas encontrados na ação didática levada a cabo e de forma a buscar resolução para esses problemas, para uma possível otimização do uso do diário em intervenções didáticas ou formativas futuras.

Refletindo o caminho percorrido para a elaboração do trabalho, o livro se encontra dividido em duas grandes partes: na primeira, que compreende o Cap. 1 e o Cap. 2, apresento os pressupostos teóricos que subjazem à utilização do diário de leituras em situação escolar. Dentre esses pressupostos são fundamentais o conceito de *ação comunicativa* desenvolvido por Habermas (1981 ss.), o conceito de *gênero* desenvolvido por Bakhtin (1953) e por autores que desenvolvem sua teoria (Schneuwly, 1994 ss.; Fairclough, 1989), bem como o levantamento das características e das funções já atribuídas ao gênero diário e dos resultados de estudos que se desenvolvem sobre sua utilização em diferentes formações sociais. Com a discussão desses pressupostos, procuro demonstrar que o gênero escolhido pelo professor como dominante na sala de aula se constitui tanto como um instrumento psicológico de desenvolvimento como também um instrumento determinante do tipo de relações que se desenvolvem entre os interlocutores nessa situação de comunicação e que há argumentos de diferentes ordens a favor da utilização do diário em sala de aula.

Na segunda parte, que vai do Cap. 3 às Conclusões, apresento o trabalho de pesquisa propriamente dito, compreendendo a exposição da teoria em que me baseei para efetuar a análise dos dados, a descrição da metodologia adotada, o levantamento das representações que foram construídas a respeito da situação de comunicação e do diário de leituras pelos seus produtores e, finalmente, a apresentação dos resultados das análises efetuadas. Nas Conclusões, discuto o estatuto dos textos diaristas produzidos pelos alunos e de seu *modelo* teórico possível e o significado que se pode atribuir à criação de uma situação didática como a que está em foco neste trabalho, além de efetuar uma avaliação crítica de minha ação nessa situação e das teorias em que me apóio, assim como da própria pesquisa, apontando, sempre que possível, as perspectivas que me parecem se abrir para outros pesquisadores e/ou educadores.

PARTE I — PRESSUPOSTOS TEÓRICOS PARA A UTILIZAÇÃO DO DIÁRIO EM SITUAÇÃO ESCOLAR

Capítulo 1 **Ação e gênero de textos**

O capítulo que se segue tem como objetivo apresentar as concepções teóricas mais gerais que servem de apoio para a utilização do diário de leituras com objetivos didáticos: o conceito de *ação comunicativa* e o conceito de *gênero*.

O primeiro desses conceitos, o de *ação comunicativa*, surgiu no quadro da chamada *teoria da ação comunicativa* proposta por Habermas (1981 ss.), a partir dos anos 70, que se colocava, de um lado, como uma expansão da chamada Teoria Crítica[1], desenvolvida pela escola de Frankfurt, e, de outro, como uma contraposição à filosofia da consciência[2], com o objetivo de uma transformação do conceito de racionalidade aí defendido.

Tomando a distinção entre três formas ou aspectos da ação humana – a ação teleológica, a ação regulada por normas e a ação dramatúrgica –, o autor demonstra que elas estão relacionadas a três tipos de mundos – o objetivo, o social e o subjetivo – e que elas seriam, ao mesmo tempo, constitutivas desses mundos e reguladas por eles.

Na ação teleológica, o agente realiza um projeto de ação fundado sobre uma interpretação da situação e visando à realização de um objetivo. Assim, ele cria as condições de um estado desejado, escolhendo os meios mais adequados que, numa determinada situação, lhe permitam chegar ao sucesso. Nesse tipo de agir, colocam-se em jogo as relações entre o agente e o mundo objetivo, que pode ser definido como "a totalidade dos estados de coisas que existem, ou que se produzem ou que podem ser provocados por uma intervenção deliberada"[3] (Habermas, 1981, p. 103). Ao agir teleologicamente, o agente expõe suas pretensões de verdade e de eficacidade.

Na ação regulada por normas, o agente não só se relaciona com o mundo objetivo, mas a atividade é representada, em primeiro lugar, como uma relação entre o agente e o mundo social, definido como o conjunto das modalidades legítimas de relações interpessoais. No quadro dessas modalidades, o agente se encontra no papel de destinatário da norma e, dentro desse quadro, ele pode agir, estabelecendo relações interpessoais reguladas por essas normas. Ao agir dessa forma, o agente expõe suas pretensões de legitimidade em relação ao mundo social.

Na ação dramatúrgica, o agente, que apresenta um aspecto de si mesmo diante de um público, é obrigado a se engajar numa relação com seu próprio mundo subjetivo, definido como o conjunto de experiências vividas às quais ele tem um acesso privilegiado. Ao agir dramaturgicamentente, o agente expõe suas pretensões de veracidade em relação a esse mundo.

Nessas três formas ou aspectos de ações, as pretensões de validade expostas pelo agente podem ser atribuídas e avaliadas por um observador externo. Portanto, ao agir, o agente exibe, mostra essas três formas de pretensão de validade em relação aos três mundos, mas não de forma reflexiva, no sentido de que atribui essas pretensões aos mundos em si mesmos.

Finalmente, o conceito de agir comunicativo diz respeito à interação que se estabelece pelo menos entre dois sujeitos, que se engajam numa relação interpessoal, procurando um consenso sobre uma situação de ação, com o objetivo de coordenar seus planos de ação. Ao utilizar esse conceito de ação comunicativa, Habermas introduz também o conceito de sujeito reflexivo, no sentido de que o agente ainda mostra suas pretensões de validade, e não mais as atribui aos mundos em si mesmos, mas as percebe como incluídas na sua própria ação.

Nas palavras de Friedrich[4], a ação comunicativa é, assim, o aspecto da ação, a prática na qual se introduz a dúvida e se explicita o caráter relativo das pretensões de validade, tomando-se consciência então de que a relação do agente com o(s) mundo(s) é sempre interpretação, já que ela sempre inclui as pretensões de validade. Dado o caráter relativo dessas pretensões, na ação comunicativa, os agentes buscam um acordo, com o fim de coordenar seus diferentes planos de ação. Para isso, é necessário que suas pretensões de validade sejam justificadas, explicadas, argumentadas, visto que, nos contextos da ação comunicativa, qualquer uma das pretensões de validade pode ser sempre contestada pelo interlocutor, sob diferentes aspectos: sob o aspecto da verdade que o locutor reivindica para a expressão de um enunciado; sob o aspecto da legitimidade que ele reivindica para sua ação, ao se referir a um contexto normativo, e sob o aspecto da veracidade que ele reivindica para a expressão de uma experiência vivida.

Assim, a ação comunicativa seria o lugar privilegiado da racionalidade, o que a explica e faz existir. Embora em grande parte dos trabalhos do autor essa forma de ação se apresente como relacionada a um encontro face a face entre dois interlocutores que confrontam suas pretensões de validade, ela pode ser compreendida também como se processando internamente, quando o agente tem a possibilidade de entrever outras posições possíveis e de discutir com essas posições interiorizadas. Da mesma forma, podemos pensar que tal forma de ação também é possível quando o agente estabelece uma relação com outro interlocutor através da escrita.

A ação comunicativa é ainda colocada como uma alternativa à ação estratégica, dado que o agente pode efetuar uma escolha entre essas duas formas de agir. Ao escolher agir estrategicamente, o agente se coloca em posição superior a um outro, estabelecendo uma relação com o mundo que considera como verdadeira. Supõe-se, assim, um poder do sujeito estratégico para impor restrições ao outro, para lhe mostrar que suas pretensões de validade não são legítimas, buscando exercer uma influência sobre as decisões do outro, influência esta que é calculada para o sucesso. Já na ação comunicativa, ao contrário, pressupõe-se uma igualdade entre sujeitos que têm as mesmas capacidades, numa relação entre locutor e ouvinte, entre interlocutores que confrontam suas pretensões de validade, com o objetivo de chegarem a um acordo baseado em convicções comuns.

Compreende-se, desse modo, que é na própria ação comunicativa que os três mundos, tais como concebidos por Habermas, vão sendo constituídos. Segundo Bronckart (1994a), aplicada à ontogênese, essa posição implicaria a construção racional dos três mundos no quadro de ações interativas e verbais. Partindo de um mundo indiferenciado, a criança, pouco a pouco, na interação com o outro, chegaria a um estágio em que esses três mundos estariam diferenciados. Portanto, o indivíduo plenamente desenvolvido seria aquele que é capaz de, no confronto com a natureza, agir objetivamente; no confronto com o social, reconhecer as normas, aderindo ou não a elas; e, no confronto consigo mesmo, reconhecer sua própria subjetividade.

Indo-se mais além, dado que a capacidade de agir comunicativamente não é considerada como pré-formada, pode-se pensar que, concomitantemente à construção desses mundos, constrói-se também essa capacidade que dá ao sujeito a possibilidade de reconhecer a relatividade de suas pretensões de validade e de entrar em determinados tipos de interações verbais nas quais saiba justificar essas pretensões e questionar as do interlocutor. A interiorização desse processo externo levaria finalmente à possibilidade de o sujeito agir comunicativamente, de forma interpessoal.

Dessa forma, podemos inferir que, na prática educacional, é desejável que sejam criados contextos em que a ação comunicativa seja possível, tanto inter quanto intrapessoalmente, o que poderia criar condições favoráveis ao desenvolvimento da capacidade de agir dessa forma. Nessa mesma linha de pensamento, Freitag (1991, p. 93) assinala que "todo esforço político e pedagógico pode e deve concentrar-se no desenvolvimento pleno de todas as competências do 'Eu' (...), buscando assegurar uma competência interativa cada vez maior dos indivíduos, ampliando seu grau de autonomia".

Pelo que já foi exposto, isso implicaria criar condições para que os interlocutores se encontrem numa relação de igualdade, na qual suas pretensões à validade pudessem ser confrontadas e justificadas. Em relação especificamente ao ensino de leitura, portanto, implicaria criar condições para que todos os sujeitos leitores envolvidos numa situação de comunicação escolar específica expusessem, confrontassem e justificassem suas diferentes interpretações e suas diferentes práticas e processos de leitura.

Por que e em que sentido, nesse contexto, entra a questão do gênero? Ora, considerando que a ação comunicativa está indissociavelmente ligada à ação verbal e que toda ação verbal se constrói apoiada sobre um determinado gênero de texto, pensar na instituição de um contexto para essa forma de agir implica necessariamente uma reflexão sobre essa questão.

Como para vários outros autores, a teoria nuclear em que me apóio para essa reflexão é a de Bakhtin (1953), que defende de forma radical a idéia de que, sempre que falamos, utilizamos os gêneros do discurso, ou, em outras palavras, a de que todos os enunciados são constituídos tendo por base uma forma padrão de estruturação. Admitida essa concepção, podemos afirmar, em relação ao trabalho que realizamos, que também os discursos produzidos em sala de aula, quer sejam orais, quer sejam escritos, baseiam-se sempre em um determinado gênero.

Segundo o autor, os gêneros podem ser definidos como *tipos relativamente estáveis de enunciados*, elaborados por cada esfera de utilização da língua. Como essas esferas são das mais variadas, os gêneros também apresentam uma extrema heterogeneidade, incluindo desde a réplica do diálogo cotidiano até a tese científica. Dentro dessa heterogeneidade, entretanto, segundo o autor, seria possível estabelecer uma diferença fundamental entre os gêneros primários e os gêneros secundários. Os primeiros, tais como a réplica do diálogo ou a carta, são constituídos em situações de comunicação verbal espontânea, nas quais há relação imediata com a realidade existente e com a realidade dos enunciados alheios, enquanto os segundos são mais diretamente relacionados à escrita, absorvendo e transmutando os gêneros primários.

Ambos os tipos apresentam um caráter sócio-histórico, uma vez que eles estão diretamente relacionados a diferentes situações sociais, cada uma delas gerando um determinado gênero, com características temáticas, composicionais e estilísticas próprias. Assim, a cada gênero corresponderiam determinados referentes, uma determinada forma de composição, um determinado estilo. Esse estilo, entretanto, pode ser modificado pelos estilos individuais dos falantes. Assim, haveria gêneros mais propícios a essa modificação, mais maleáveis, mais criativos, que podem refletir mais livremente a individualidade de quem fala, como é o caso dos gêneros da comunicação verbal oral e os literários, enquanto os gêneros mais formalizados, padronizados e estereotipados seriam menos favoráveis à expressão dessa individualidade. Não nos resta dúvida de que o gênero *diário* encontra-se mais próximo dos primeiros, uma vez que nele o estilo individual freqüentemente se coloca como empreendimento enunciativo.

É importante ainda destacar que a noção de gênero que Bakhtin defende não tem nada de estática. Ao contrário, para ele, como qualquer outro produto social, os gêneros, embora relativamente estáveis, estariam sujeitos a transformações decorrentes das transformações sociais e das realizadas, dentre outras modificações, através da aplicação de novos procedimentos de organização e de conclusão do todo verbal e de uma modificação do lugar atribuído ao ouvinte. Assim, segundo o autor, quando se passa o estilo de um gênero para outro, não apenas modificamos o efeito desse estilo, mas também contribuímos para a destruição ou a renovação do próprio gênero. Essa observação de Bakhtin nos traz subsídios fundamentais para compreendermos a questão do diarismo em situação escolar, pois parece-nos que é exatamente a transposição de um estilo de gênero para outro que ocorre, o que abordaremos com maior detalhamento nas conclusões deste trabalho.

Outra observação do autor que se deve destacar diz respeito ao papel do destinatário, no sentido de que cada um dos gêneros existentes tem sua concepção padrão do destinatário, quer este esteja empiricamente presente ou não. Assim, nos gêneros familiares e íntimos, ele seria considerado como estando fora das considerações de hierarquia e das convenções sociais, o que acarreta uma franqueza específica desse tipo fala, e, especificamente em relação ao estilo íntimo, notar-se-ia um esforço em direção a uma fusão plena entre o locutor e o destinatário. Dessa forma, nos gêneros íntimos, observar-se-ia "uma confiança profunda no destinatário, na sua simpatia, na sua sensibilidade e na boa vontade de sua compreensão responsiva", o que possibilita que o locutor apresente seu mundo subjetivo, com a expressividade e a franqueza peculiares a esses estilos. Se transportarmos essas considerações para analisar a situação didática enfocada neste trabalho, poderemos dizer que a intenção subjacente à nossa proposta de utilização do diário envolveu justamente a busca de instauração de uma cena enunciativa na qual essa confiança pudesse ser instaurada entre professor e alunos.

Parece-nos importante, ainda em relação à questão do destinatário, observar que o autor distingue entre um destinatário como um *segundo* da relação dialógica, que "pode ser mais ou menos próximo, concreto, percebido com maior ou menor consciência, de quem o locutor espera e presume uma compreensão responsiva", e "...um *superdestinatário* superior (o terceiro), cuja compreensão responsiva absolutamente exata é pressuposta, seja num espaço metafísico, seja num tempo histórico afastado", que em diferentes épocas "adquire uma identidade concreta variável (Deus, a verdade absoluta, o julgamento da consciência humana universal...)" (1959-1961, p. 356). Em relação ao gênero *diário*, parece-nos claro que a inexistência de um interlocutor empírico confere a esse superdestinatário um papel mais decisivo ainda que nos gêneros públicos.

Essa síntese do pensamento bakhtiniano permite-nos afirmar, junto a vários autores[5], que todo e qualquer gênero impõe aos agentes produtores uma série de restrições relativas aos referentes possíveis, às relações que se estabelecem entre os interlocutores, ao papel ou à posição de sujeito que cada um deles deve assumir na interlocução. A representação que temos de um gênero determinado é o que nos guiaria no processo discursivo, permitindo a compreensão e a produção. Os usuários de uma determinada língua, possuindo um certo tipo de conhecimento dos gêneros dominantes em sua sociedade, baseiam-se nesse conhecimento, procedendo a uma escolha do gênero que lhes parece ser o mais adequado, de acordo com a sua interpretação da situação de comunicação, de seus objetivos e de suas necessidades temáticas.

Pode-se pensar, entretanto, ao lado de Fairclough (1989), que existem determinadas situações em que há fortes relações de poder instituídas entre os interlocutores, nas quais o gênero é na verdade escolhido pelo participante que tem mais poder, que deixa um maior ou menor grau de liberdade aos interlocutores com menos poder. Entretanto, a partir do momento em que essa escolha fosse estabelecida, ela se constituiria também como uma forma de auto-restrição, uma vez que as convenções e restrições do gênero se aplicariam a todos os participantes da interação.

Ora, na instituição escolar, sendo o professor justamente aquele que detém o poder, admitimos que cabe a ele a escolha do gênero dominante como mediador das práticas desenvolvidas e, portanto, do conteúdo, da forma e, sobretudo, dos papéis dos interlocutores e das relações que se estabelecem entre eles. Nessa função do professor, consideramos que essa escolha não pode ser aleatória. Uma afirmação como essa nos parece ser justificada, se assumirmos até as últimas conseqüências a concepção de gênero como instrumento, no sentido vigotskiano do termo, tal como é defendida por Schneuwly (1994 ss.), e se examinarmos a relação dialética existente entre gêneros e práticas discursivas.

Dessa forma, para melhor compreendermos o que estamos defendendo, relembremos que, para a corrente marxista em geral, a relação do sujeito com o objeto se processa sempre através da mediação do instrumento que é transmitido socialmente e que permite o desenvolvimento especificamente humano. Por influência da experiência social e através da imitação, o sujeito chega a dominar o princípio de utilização do instrumento, e a repetição das mesmas ações leva à cristalização de um esquema que permite conhecimentos particulares de mundo, define a classe de ações possíveis e os objetivos que se pode alcançar, possibilitando o estabelecimento de planos preliminares para possíveis ações futuras e guiando e controlando a ação no seu próprio transcorrer. Quando ocorre a construção desses esquemas, necessária para a ação, considera-se que há uma apropriação dos instrumentos, concebida como o desenvolvimento das capacidades individuais correspondentes aos instrumentos materiais de produção.

Analogamente, o uso de signos é visto por Vigotski (1930) como o instrumento privilegiado da atividade psicológica humana. A diferença que haveria entre o uso dos instrumentos e o dos signos seria o fato de que, enquanto o uso dos instrumentos é orientado para atividades externas, provocando mudanças nos objetos, como meio de controle e de domínio da natureza, o uso dos signos seria orientado para a atividade interna, dirigido para o controle do próprio indivíduo. Através do uso de instrumentos e de signos, a ação humana sobre o meio cria novas relações com o ambiente, o que, por sua vez, leva a uma nova organização do próprio comportamento humano. A premissa básica do pensamento vigotskiano a esse respeito é, portanto, a de que não existe nenhum instrumento que não altere profundamente tanto o meio como o sujeito que o utiliza. A nossa conclusão aqui, portanto, é a de que a sua escolha não pode ser considerada como indiferente, dado que os instrumentos são diferentes e produzem efeitos diferentes sobre o meio e sobre o sujeito.

Transferindo essa concepção dos signos como instrumentos psicológicos ao exame da função dos gêneros, Schneuwly (1994) considera que, quando um sujeito age utilizando a linguagem, ele o faz utilizando-se de um determinado gênero como um instrumento semiótico complexo, como um "mega-instrumento", constituído de vários subsistemas semióticos. A construção de esquemas de utilização dos gêneros levaria à possibilidade de adaptá-los a cada situação particular, ao mesmo tempo que prefiguraria as ações lingüísticas possíveis.

Se considerarmos o que diz Vigotski (1930) sobre a função dos signos em geral, podemos ampliar essa concepção do gênero como instrumento do desenvolvimento psicológico para considerá-lo também como transformador do meio, mais especificamente das relações que se estabelecem entre os sujeitos envolvidos na atividade, não sendo, portanto, a sua escolha inocente, sob esse ponto de vista. Poder-se-ia pensar, entretanto, que essa escolha seria extremamente limitada, já que os gêneros nos são dados em uma determinada conjuntura institucional, histórico-social, restando-nos, portanto, pouco espaço de atuação em face dessas determinações sociais. Entretanto, quando observamos a relação dialética existente entre os gêneros e as práticas discursivas, podemos dizer que, de fato, há espaço para uma transformação e reelaboração. Vejamos o porquê dessa nossa afirmação.

Segundo Schneuwly, a transformação dos gêneros estaria ligada a uma especificidade tipicamente humana que reside no fato de que, a partir da construção de instrumentos mais simples, o ser humano pode ir construindo instrumentos cada vez mais complexos. Tal construção, conforme já vimos anteriormente, está sempre condicionada a uma determinada conjuntura histórico-social, que determina a transformação dos instrumentos que, por sua vez, modifica os modos de se comportar em uma determinada situação.

Ora, da mesma forma, quando se alteram as condições sociais no decorrer da História, alteram-se os gêneros, podendo estes desaparecer ou transformarem-se, ou serem criados, de acordo com as necessidades, interesses e condições de funcionamento dos grupos sociais que os utilizam, alterando-se também as formas de atividades a eles associadas. Dessa forma, a transformação, a exploração das possibilidades de cada gênero, o seu enriquecimento, seriam formas de se transformar a própria atividade ligada a eles.

Assim, embora do ponto de vista sincrônico – e teórico – os gêneros possam ser vistos com uma relativa estabilidade, eles não podem ser considerados como entidades fixas e imutáveis que os sujeitos apenas atualizam numa relação mecânica. Na verdade, assim como o uso dos instrumentos, produzir ou interpretar textos não é a simples realização de um gênero determinado. O que se estabelece aqui é uma relação dialética entre o tipo de texto efetivamente realizado e o tipo de gênero escolhido.

Dessa forma, os gêneros não só determinam as práticas discursivas possíveis, mas são também o produto dessa prática. Na atividade lingüística efetivamente realizada, pode ocorrer sempre ou uma simples reprodução de um gênero determinado, ou uma transformação. Essa transformação pode ocorrer através da combinação de vários tipos de gêneros, pela introdução do estilo de um gênero em outro, ou pelo empréstimo de um gênero próprio de uma determinada instituição a uma outra instituição. Além disso, sobretudo em sociedades complexas e em processo de transformação acelerado, num mesmo momento histórico podem conviver tipos de gêneros – ou subtipos de um mesmo gênero – que competem entre si para serem os dominantes numa determinada esfera social, refletindo as mudanças, as lutas sociais e as diversas posições de ordem ideológica.

Descrevendo mais minuciosamente esse processo de transformação e analisando as conexões existentes entre produção de texto, determinação social e criatividade do sujeito, Fairclough mostra que esse processo é desencadeado sobretudo em situações reais de produção nas quais os produtores encontram-se diante de problemas para cuja resolução eles teriam de apelar para sua criatividade, visto que os gêneros disponíveis não a fornecem de imediato. Tais problemas, segundo o autor, estariam relacionados a três aspectos da produção verbal: aos conteúdos, às relações interpessoais e às posições de sujeito.

Em primeiro lugar, o produtor pode encontrar problemas quanto aos conteúdos quando se defronta com uma discrepância entre suas representações do mundo e o mundo em si mesmo, ou quando entra em contato com outras representações incompatíveis com a sua. Ampliando essa idéia, podemos dizer que o produtor pode encontrar problemas também diante da necessidade de expressar novas representações dos mundos que não lhe parecem encontrar expressão adequada nas formas institucionalizadas. Exemplo disso é o surgimento de novas formas de dizer na ciência, quando as formas consagradas entram em crise.

Em segundo lugar, o produtor pode encontrar problemas na definição das relações sociais que se estabelecem entre ele e o destinatário. Pode-se pensar que esses problemas podem ser derivados de uma indefinição preliminar dessas relações ou de um conflito entre diferentes representações que os interlocutores mantêm sobre elas.

Finalmente, o produtor pode encontrar problemas em relação à definição de sua posição de sujeito ou em termos da posição de sujeito que o destinatário ocupa. Um exemplo típico desse caso poderia ser encontrado na educação, quando a natureza precisa da posição de sujeito ou a identidade social de "professor" é posta em dúvida, quando, por exemplo, os estudantes se encontram num processo de diminuição da distância existente entre eles e seus professores, quer seja em relação ao estatuto de adultos, quer seja em relação ao grau de conhecimento.

Evidentemente, do ponto de vista empírico, esses problemas não aparecem separadamente, mas sim em constante interação, influenciando-se uns aos outros.

Segundo Fairclough ainda, esses três tipos de problemas apresentariam um aspecto discursivo, no sentido de que poderiam ser observados concretamente no próprio discurso, como conseqüência do fato de que as convenções discursivas estariam sendo desestabilizadas, desestruturadas, isto é, do fato de que uma relação relativamente estável entre os gêneros estaria começando a se romper numa determinada ordem social. Diante dessa situação problemática, na qual os produtores não se encontrariam seguros com os modos habituais de agir, tornar-se-ia necessária uma nova reestruturação, que se realizaria através de um processo criativo de combinação de tipos de gêneros diferentes. Os textos assim construídos apresentariam marcas formais que evidenciariam essa nova reestruturação, pois, quando esse processo envolve uma combinação de gêneros, é de esperar a ocorrência da diversidade nessas marcas. Essa nova reestruturação, efetuada por produtores particulares, em textos particulares, em resposta a experiências particulares problemáticas, pode ter por resultado a constituição de um novo gênero com suas características próprias.

Segundo o mesmo autor, se os gêneros não podem ser tomados como sendo de uma ordem natural e imutável, configuram-se dois tipos possíveis de práticas educacionais: de um lado, uma que vise à simples reprodução dos gêneros existentes e, portanto, à manutenção de determinados tipos de conteúdo, posições de sujeito e relações sociais, e as considera como "naturais"; de outro lado, uma outra prática que vise justamente à problematização dessas posições, dessas relações e desses conteúdos, contribuindo para a transformação das ordens de discurso existentes e de seus gêneros correspondentes.

A primeira posição nos parece ser a mais costumeira e, embora consideremos que é necessário que os estudantes aprendam a construir textos que tenham por base os gêneros constituídos, assumimos também que a última posição não pode ser abandonada e que ela pode contribuir para a instauração de um contexto para a ação comunicativa. Assim, compreendemos que a introdução de algo como o estilo do gênero *diário* (do qual o diário de leituras é, provavelmente, um subtipo) como prática central da ação didática que foi desenvolvida pode ser vista como um empréstimo de um gênero próprio da esfera do privado para uma esfera pública, a escolar, tomando-se o pressuposto de que ele seria um elemento facilitador para a transformação de uma certa ordem do discurso presente nessa esfera e para a instauração de uma situação de comunicação favorável à ação comunicativa.

Capítulo 2 **O gênero diário e sua utilização na prática e na pesquisa educacional**

O objetivo deste capítulo é o de apresentar as características gerais do gênero *diário*, levantando as características principais da situação de produção que o definem, assim como seus conteúdos privilegiados e suas funções primordiais, e observando como tem sido utilizado em diferentes esferas sociais, a fim de avaliarmos, de um ponto de vista teórico, se a escolha que fizemos desse gênero como instrumento de ação didática pode ser considerada como adequada.

De um ponto de vista histórico, os autores que têm trabalhado com a questão do diarismo[1] são unânimes em afirmar que é a partir do século XIX que o gênero se impõe, em decorrência de mudanças históricas e sociais que se desenvolveram nesse período. Para Girard (*apud* Lourau, 1988), por exemplo, o desenvolvimento dessa forma de expressão estaria ligado às contradições existentes entre a afirmação de determinados princípios de ordem social, tais como o da liberdade e da igualdade, e as reais condições com as quais os indivíduos se confrontariam no seu cotidiano. Essas contradições provocariam um questionamento sobre a própria identidade dos indivíduos, que buscariam resolvê-lo através da escrita diarista. Na mesma linha de pensamento, Lourau considera que esse desenvolvimento estaria ligado à ruptura, ocorrida nessa época, de uma ordem temporal tradicional, constituindo-se o diarismo numa forma de busca dessa ordem, numa forma de o diarista fazer a historização de si mesmo.

Atualmente, é notório que assistimos a uma difusão cada vez mais intensa do intimismo, da exposição do privado, em diferentes gêneros, em diferentes linguagens, através de diferentes meios de comunicação. Essa afirmação é facilmente constatável quando simplesmente atentamos para os inúmeros títulos de programas de televisão, filmes, balés e publicações de diferentes editoras que, de uma forma ou de outra, sugerem a revelação do "por trás da cena" da ciência, da escritura, da arte, ou simplesmente da vida privada de incontáveis indivíduos, famosos ou não. As condições históricas e sociais que propiciam essa exposição do íntimo mereceria seguramente uma discussão à parte, que foge a nossos objetivos específicos[2].

Em relação ao diarismo propriamente dito, David (1978) aponta para uma possível relação entre sua proliferação e o tipo de sociedade na qual vivemos, afirmando que, em face de uma humanidade psiquicamente esfacelada, esse gênero literário talvez seja o único capaz de expressar a civilização esfacelada em que vivemos.

Ao mesmo tempo em que a produção diarista aumenta, ela vai também se constituindo como objeto de discursos múltiplos que a abordam sob diferentes pontos de vista – o literário, o metodológico, o científico e o educacional – tomando-se, como objeto específico de análises, os diários tanto de escritores e de pesquisadores consagrados como os de pessoas comuns e os de estudantes em situação de aprendizagem. Assim, por exemplo, a chamada crítica genética, nos estudos literários, entrevê, na análise dos diários ou dos carnês de apontamentos de escritores, a possibilidade de se voltar para as operações iniciais da escritura, para os momentos em que se coloca o seu processo, e não o produto final. Do mesmo modo, nos estudos sociológicos, na chamada análise institucional, o estudo do diarismo nas Ciências Sociais – e a exaltação dessa produção, diga-se de passagem – é visto como uma forma de serem elucidadas as relações dos cientistas com as instituições sociais ligadas à pesquisa, como uma forma de se buscar, não apenas a verdade da pesquisa, mas a verdade do sujeito pesquisador[3]. Nos estudos etnográficos, sobretudo os da etnografia crítica, tanto os estudos sobre o diarismo quanto a própria produção do diário também são incentivados como uma forma de questionamento sobre a metodologia utilizada pelo pesquisador, em decorrência de uma certa ética e de uma certa postura em face da forma de se fazer ciência. Finalmente, nas pesquisas educacionais, incentiva-se a sua produção, considerando-a não só como instrumento de pesquisa, mas também como instrumento de ensino e aprendizagem.

    Embora possamos ter por hipótese que uma análise rigorosa desses diferentes textos possa distinguir entre diferentes subtipos de diários, admitimos que todos eles apresentam algumas características comuns e que todos eles parecem poder ser rotulados pela denominação geral de "diário". Que características seriam essas?

Em primeiro lugar, podemos dizer que o diário é habitualmente considerado como "discurso", no sentido benvenistiano do termo[4], e Barthes (1979) radicaliza essa posição, ao considerar que o diário não chega a ser um texto, mas sim uma espécie de fala escrita. Entretanto, para situá-lo em relação a outros gêneros que também podem ser vistos como "discurso", examinemos algumas características da situação de produção que possam defini-lo de forma mais distintiva.

Inicialmente, pode-se dizer que temos um produtor que, fora das instituições, da vida pública, periodicamente ou cotidianamente, escreve, em primeiro lugar, para si mesmo[5], com objetivos que são múltiplos e às vezes não claros para ele mesmo, variando de situação para situação, de indivíduo para indivíduo, e não são, portanto, objetivos predeterminados pelo próprio gênero.

Examinando-se mais minuciosamente essas características, podemos dizer que, não se desenrolando a produção do diário na vida pública, e, portanto, sofrendo menores restrições, há uma relativa liberdade do produtor em assumir uma ou outra imagem de enunciador – ou de posições de sujeito – dentre as múltiplas que ele desempenha no cotidiano. Em outras palavras, no diário, pode-se assumir a posição de mãe, de amante, de professora, de pesquisadora, ou combinar essas posições e inventar outras, etc. Não havendo, normalmente, um destinatário empírico, o produtor é mais livre do que nas situações institucionais, pois as representações que ele se faz do destinatário não são predeterminadas pela situação de comunicação imediata. Começa-se, assim, a vislumbrar aqui o sentido de "liberdade", geralmente atribuído à produção diarista.

Em relação à situação material de produção, o produtor normalmente escolhe integrar ao texto referências explícitas a alguns de seus aspectos, notadamente ao emissor, ao espaço e ao tempo de produção. Entretanto, a heterogeneidade logo aqui se manifesta, não sendo raros os fragmentos ou textos diaristas inteiros em que o produtor assume o papel de um enunciador universal, não se representando diretamente no texto, mas se ocultando com a utilização das formas da terceira pessoa. Quanto à presença constante das marcas temporais relativas ao tempo da produção, pode-se dizer que ela está ligada ao caráter de periodicidade, quando não ao de cotidianidade, de escritura do dia-a-dia, que mantém uma distância temporal mínima entre os acontecimentos vividos e o ato de produção.

Quanto ao destinatário, quando não há, como regra, um receptor real efetivamente presente ou mesmo ausente que interfira diretamente no enunciado, o texto se apresenta com o aspecto de monogerado, isto é, sob a responsabilidade apenas do produtor, não apresentando, normalmente, nenhuma marca de segunda pessoa. Segundo Lejeune (1993a, p. 69), seria exatamente dessa ausência empírica do interlocutor que a prática diarista derivaria, uma vez que "o diário está no lugar da carta, e a carta no lugar da conversação. Aos outros, falamos; quando eles não estão mais lá, escrevemos a eles: quando não se tem mais a quem escrever, escreve-se a si mesmo, e é isso o diário"[6].

Em relação a essa questão, Paulillo (1994) observa que, mesmo em situações em que há um interlocutor presente, quando se trata do que a autora chama de "discursos da subjetividade", nos quais ela inclui o diário, grande parte funciona como uma espécie de réplica, de desdobramentos de relações discursivas, quer seja com pessoas conhecidas, empiricamente falando, quer seja com outros com quem o sujeito convive no campo da linguagem. Entretanto, também em relação a essa questão do destinatário, a heterogeneidade parece ser a regra. O que podemos observar efetivamente nos textos diaristas é que a ausência empírica do OUTRO pode provocar duas atitudes: ou o quase total "esquecimento" de um interlocutor possível, ou, ao contrário, a acentuação de uma presença imaginária. Nesse último caso, fica evidente uma clara intenção de atingir esse interlocutor representado, com o diarista se dirigindo ou a um destinatário ideal, colocado no papel de confidente, ou até mesmo se dirigindo a um destinatário empírico, não presente. Em casos extremos, o diário pode mesmo se confundir com a correspondência, quando, por exemplo, a ele são anexadas cartas ou respostas a cartas, efetivamente enviadas ou não, ou quando ele é utilizado com objetivos educacionais. Exemplos disso são os diários de adolescentes do século passado, nos quais a mãe ou a instrutora aparecem como os destinatários privilegiados[7].

Em suma, também em relação à questão do destinatário, podemos afirmar que há, nesse gênero, um menor número de restrições e uma variação maior do que as que são normalmente encontradas nos gêneros próprios das esferas públicas.

Como característica relacionada à concepção do diário como objeto fora de publicação, pode-se observar que o autor não assume, na sua produção, as responsabilidades inerentes à produção de um texto, não efetuando reorganizações, remanejamentos, tirando-lhe, portanto, o caráter de acabamento. Outro efeito da concepção do diário como objeto fora de publicação ou sem destinatário real é a característica de fragmentação[8] ou descontinuidade[9]. Com esses conceitos, analistas da produção diarista se referem tanto à heterogeneidade de conteúdos como à falta de organização global e à falta de marcas de relações explícitas entre os diversos segmentos. Assim, a elipse e a parataxe predominam, o que confere a esses textos as características formais do chamado estilo telegráfico ou de notas. Observe-se aqui a semelhança dessas características às do discurso interior, tais como expostas por Vigotski, que utiliza exatamente a noção de fragmentação para descrever a natureza desse discurso, quando o qualifica de fragmentário e abreviado em relação à linguagem externa.

As mesmas características são apontadas por Paulillo (1993-4), quando analisa os processos de expansão do discurso da subjetividade, mostrando que esse discurso não se expande por um processo estruturado de subtopicalização dos tópicos já apresentados, nem apresenta marcas que organizem a introdução de novos tópicos. Em relação aos processos micro e macrossintáticos, a autora observa que, do ponto de vista da sintaxe interna dos enunciados, esse discurso se caracteriza pela presença de rupturas sintáticas, produzindo enunciados não completos. Do ponto de vista da macrossintaxe, predominariam os processos de justaposição e coordenação, em vez de processos de encaixamento, o que assinalaria um dos contrastes entre essa forma de discurso e as formas públicas.

Quanto aos referentes possíveis de figurar nesse gênero, a liberdade de escolha e a heterogeneidade também são a regra, como aponta Didier (1976), ao afirmar que o diário pode se abrir a não importa o quê, uma vez que ele não conhece regras ou limites verdadeiros. Entretanto, mesmo que admitamos essa heterogeneidade, podemos afirmar[10] que predomina o universo temático da experiência pessoal, incluindo-se aí ações, sentimentos, sensações e pensamentos relacionados a essa vivência. Daí as divisões que se podem estabelecer, tomando-se como critério o tipo de conteúdo presente, de acordo com o tipo de vivência que neles se relata, entre diário de prisão (Sade), diário de viagens (de Montaigne à Itália, por exemplo), diário espiritual (Ignácio de Loyola), diário de pesquisa (Malinowski), diário de obra (Claudel, Julien Green), diário de doenças físicas ou psicológicas (Freud), etc.

Dessa forma, tratando-se fundamentalmente do mundo subjetivo de que fala Habermas, podemos ainda afirmar que grande parte dos enunciados diaristas não estariam expostos à disputa em termos de verdade ou de falsidade, mas apenas em termos de sinceridade. Entretanto, contraditoriamente, como mostra Paulillo (1994), é justamente aí, na exposição de referentes privados, que aparece de forma mais oscilante, para o produtor, a questão da certeza e da verdade. Segundo a autora, enquanto nas formas públicas de discurso a dúvida do sujeito é ocultada, escamoteada, os discursos da subjetividade surgiriam atravessados pela dúvida.

Relacionando-se essas afirmações ao pensamento de Habermas, podemos dizer que seria justamente nesse tipo de produção que os agentes produtores se confrontariam mais fortemente com a relatividade de suas pretensões à validade. Isso explicaria a presença forte do diálogo interior, que marcaria exatamente a emergência de diferentes vozes, de diferentes representações internalizadas.

Finalmente, podemos afirmar que as restrições que recaem sobre o diário não abrangem o domínio estético, permitindo elaborações muito diferenciadas, o que faz dele um receptáculo para todos os tipos de escritura, praticamente sem limites[11].

Em suma, fragmentação, descontinuidade, heterogeneidade de conteúdos e de tratamento dos parâmetros da situação de comunicação, ausência de modelos fixos, tais parecem ser os conceitos-chave que caracterizam os textos diaristas.

Quanto às funções normalmente atribuídas a esse tipo de produção, chama-nos logo a atenção o uso de metáforas como *instrumento*, *ginástica*, *exercício*, freqüentemente encontradas quando examinamos as diferentes representações que os autores diaristas e os pesquisadores da questão expressam a respeito desse tipo de texto.

Poulou (1993), por exemplo, estudando os diários feitos por adolescentes, considera que esses diários se constituiriam como o lugar do secreto, uma forma de escritura que permitiria fazer existir o que habitualmente se esconde em razão da autocensura, como a busca de uma verdade num espaço de liberdade, um meio de se passar da desordem interior à ordem. Eles apresentariam ainda um caráter simbólico da mudança que se opera na personalidade, durante a adolescência, um signo de uma maturidade reconhecida, sendo a sua produção um instrumento de acesso ao conhecimento de si. Essa concepção da produção diarista como uma forma de acesso ao conhecimento de si, tanto quanto ao conhecimento em geral, encontra-se claramente expressa também em inúmeros trechos de diários de diferentes autores consagrados, como podemos ver nos exemplos abaixo:

> [Escrever] É um meio de se aprofundar, de se interrogar, de se tocar no fundo de si mesmo, sobretudo de se tentar saber quem se é[12] (Morgenstern,1993, p. 195).
> Escrever significa: ler-se a si mesmo[13] (Frisch, *apud* Bloch, 1978, p. 139).
> Depois, quando escrevo, vejo muito mais, compreendo melhor, desenvolvo e enriqueço[14] (Nïnn, 1966, p.11).

A produção do diário, assim, é vista não simplesmente como a expressão do que se pensa, mas como uma forma de descoberta dos próprios pensamentos, como instrumento de pesquisa interna, o que Valéry (*apud* Hay, 1990, p.10) expressa de forma admirável, no trecho reproduzido abaixo:

> Eu estou cheio de minha reputação solene de 'poeta' do *Cimetière matin*. Se minha vida tem realmente um valor não é por isso, mas pelo que eu *busquei* nos Cadernos. Eu estou certo de que, na via aqui indicada, espíritos melhores que o meu encontrarão coisas bastante novas.[15]

Ao lado dessa função de busca de conhecimento, a produção diarista aparece, freqüentemente, como uma forma de se fazer um balanço das próprias ações, um julgamento de si, um exercício moral, que pode ser considerado como tributário do exame de consciência cristão, através do qual o diarista se interroga tanto sobre sua atitude moral como sobre o progresso da obra que escreve. É nessa perspectiva que Canetti (1965) assinala que o aspecto positivo que encontra na manutenção do diário é o de ele possibilitar a fala consigo mesmo, ou com um outro "eu", que é, nas suas palavras, "o interlocutor cruel". Para o autor, ao mesmo tempo em que este seria o interlocutor mais exigente, apontando-nos nossas próprias mentiras e falsificações, ele seria também o mais versátil, pois teria a possibilidade de assumir diferentes funções dialógicas. Assim, para Canetti, a prática da escrita diarista deveria ter o caráter de diálogo aberto e franco do escritor consigo mesmo, com suas múltiplas faces e com os outros que o rodeiam, diálogo em que não se deve permitir o adormecimento da autocrítica, com o diarista tratando-se a si até mesmo com mais rigor que um outro o faria.

Para outros autores, a produção diarista preencheria uma necessidade psicológica indefinida que o prazer contido no ato de escrever conseguiria satisfazer. Essa necessidade psicológica de escrever pode ser compreendida como um desejo de unificação do sujeito, que, através da escrita, defende-se da percepção de sua própria fragmentação, buscando no diário uma forma de tranqüilização, tal como descreve Canetti (1965, p. 55) no trecho abaixo:

> porque um homem que conhece a intensidade de suas impressões, que sente cada detalhe de cada dia como se ele fosse seu único dia, (...) esse homem poderia explodir ou mesmo partir-se em pedaços se não se tranqüilizasse num diário.

Essa sensação de tranqüilização pode ser explicada pela afirmação de Lejeune (1980) de que a enunciação autobiográfica seria o lugar em que a primeira pessoa se quer plena e legítima, uma escritura que lhe dá a ocasião de se crer como um sujeito pleno e responsável. Entretanto, se, de um lado, verificamos que os autores diaristas consideram o diário como instrumento voltado para objetivos psicológicos pessoais, de outro lado, podemos encontrar também, ou nos mesmos autores, ou em outros, uma concepção do diário como produção voltada para o outro. Com essa última concepção, a manutenção do diário é justificada pelo desejo de se deixar uma relação escrita dos acontecimentos, um documento, um registro da memória dirigido às gerações futuras, quer seja como documento de vida, quer seja como modelo do processo de construção de uma obra. E é nesse sentido, por exemplo, que Canetti (1965, pp. 67-68) justifica sua produção diarista, postulando que:

> nada surge sem grandes modelos (....) e é uma sorte incalculável a existência de diários de seus antepassados, em que estes revelam as suas fraquezas, nas quais eles próprios trabalharão. (...) saber das dúvidas daqueles que obtiveram êxito em sua obra lhe dará forças para continuar.

Para outros, ainda, o diário surge como um exercício de escrita, como um reservatório de textos para obras futuras. Green (*apud* Didier, 1976), por exemplo, ao comentar a origem de seus romances, acentua o papel que o diário aí desempenha, afirmando que:

> Todas essas coisas se encontram esparsas no meu diário.[16]

Finalmente, mais próximo ainda do trabalho que realizamos, o diário surge com a função de testemunha de leituras e de reflexões que as leituras produzem. Visto que essa função nos interessa mais de perto, examinemos algumas de suas características de forma mais detalhada.

Com essa função, nos diários de escritores, os segmentos que podem ser considerados como verdadeiros diários de leituras podem ser encontrados de forma separada ou integrada ao diário geral. Como os demais tipos de diários, eles se caracterizam também por uma grande variedade de formas de realização. Assim, por exemplo, Vercier (1978) nos mostra que o que é chamado de diário de leituras de Michelet é constituído simplesmente por uma enumeração de datas, títulos e nomes de autores, quase inteiramente desprovido de comentários. Segundo o autor, é necessário ir-se ao chamado diário de idéias para se poder encontrar as reações de Michelet em face das leituras realizadas. Já nos diários de Green, os segmentos que se caracterizam como diário de leituras apresentam diferentes formas de realização. Podemos ter simples citações literais do texto lido, como no trecho abaixo:

> Li Montaigne onde noto isso: (...) "Em pleno século XVI, em plena Renascença..." (Green, 1976, p. 292)[17].

Podemos ter as reações afetivas ante o texto lido, como no trecho seguinte:

> Depois do jantar, eu peguei um pouco ao acaso um livro no corredor. Era a vida de Maria da Incarnação, do qual eu li algumas páginas no salão, com uma alegria atordoante, quero dizer que eu quase tinha vertigem... (Green, 1976, p. 293)[18].

Podemos ter ainda julgamentos sobre o texto, quer seja após a leitura do conjunto de uma obra, quer seja no momento imediatamente posterior à leitura de um segmento, como se vê na segunda oração transcrita abaixo, que aparece imediatamente após a citação direta de uma frase de Flaubert:

> 'Je marchais sur elle quand j'ai entendu craquer sous moi les bancs de la Cour d'Assises.' Essa frase maravilhosa de Flaubert, quantos romances ela resume em poucas palavras... (Green, 1976, p. 23)[19].

Nessa função de testemunha das reflexões e dos comentários de leituras, pode-se ainda observar que os diários íntimos repercutem uns nos outros, encontrando-se freqüentemente, nos diários dos escritores, o julgamento que fazem sobre o diário de outros escritores. É o que nos mostra Collinet (1978), ao estudar essa repercussão em diários de diferentes autores diaristas, do século XIX aos nossos dias, dos irmãos Goncourt a Paul Léautaud, de André Gide a Valéry, de Claudel a Julien Green e Claude Mauriac. Nesse levantamento, é de especial interesse para a pesquisa que realizamos o diário de Gide, no qual o autor registra seus comentários sobre o diário de Barrès, produzidos visivelmente em concomitância à leitura. O que observamos nesses trechos é que as vozes dos dois autores se entrelaçam, numa estruturação fortemente semelhante à estrutura dialógica, o que podemos observar no trecho abaixo:

> Barrès, sobre a Lorraine: "Mas minha vida, que não lhe pertence, penetra-a, talvez a confisque. Eu não sei se a

amo, penetrada em mim pelo sofrimento, ela tornou-se um dos meios de meu desenvolvimento."
Gide: Não é possível exprimir-se melhor e ele se mostra aqui singularmente perspicaz.
Barrès: "No começo eu não a amava. Ela começou a me agradar quando eu pensava que ela tinha seus mortos."
Gide: Como se todo país não os tivesse! (Gide, *apud* Collinet, 1978, pp. 204-205)[20].

Podemos afirmar que nesses segmentos de diário de leituras ocorre uma manifestação concreta da leitura como uma atividade que conduz ao desejo de escrever. É assim que Laporte a concebe, ao afirmar que

> uma pura leitura que não convoque uma outra escritura é, para mim, qualquer coisa de incompreensível. A leitura de Proust, de Blanchot, de Kafka, de Artaud, não me dá vontade de escrever sobre esses autores nem mesmo, acrescento, de escrever *como eles*, mas de *escrever* (Laporte, *apud* Barthes, 1984, p. 45)[21].

Indo mais além, Barthes considera mesmo que cada leitura vale pela escritura que ela engendra, não aceitando que esse prazer de produção continue como privilégio reservado aos escritores. Para ele:

> Tudo, em nossa sociedade de consumo, e não de produção, sociedade do ler, do ver e do ouvir, e não sociedade do escrever, do olhar e do escutar, tudo é feito para bloquear a resposta (...). É um problema de civilização; mas, para mim, minha convicção profunda e constante é que não será jamais possível liberar a leitura se, num mesmo movimento, não liberarmos a escritura (Barthes, 1984, p. 45)[22].

Essa relação entre leitura e escrita, ou mais ainda, da necessidade mesmo de se aliar a prática da leitura à prática da produção, entretanto, tem uma origem longínqua e é descrita por Foucault (1983) em "L'écriture du soi". Nesse artigo, o autor analisa duas práticas de escritura existentes na cultura romana, por volta dos séculos I e II, que, visivelmente, aproximam-se do que chamamos de diário de leituras e que, para ele, teriam a função de levar a processos de subjetivação: os *hypomnemata* e a correspondência. Nessas práticas, a escrita não era vista como simples meio de comunicação, mas como uma forma de exercício pessoal, que, associada à meditação, ao exercício do pensamento, produziria a transformação dos discursos recebidos em princípios racionais de ação.

Vejamos mais detidamente os *hypomnemata*, que parecem se aproximar mais do nosso diário de leituras. No sentido técnico, eles podiam ser, a princípio, qualquer tipo de anotação que servisse como auxílio à memória. Entretanto, pouco a pouco, eles foram perdendo esse caráter e transformando-se, para o público culto, em guias de conduta, livros de vida, nos quais "se consignavam citações, fragmentos de obras, exemplos e ações que se havia testemunhado ou dos quais se tinha lido o relato, reflexões ou pensamentos que se tinham ouvido ou que tinham vindo à mente" (Foucault, 1983, p. 7)[23].

Segundo o autor, a função dos *hypomnemata* diferencia-se da função que tinham as produções da literatura cristã posterior, no sentido de que, ao contrário desta, não se tratava de, com eles, se procurar o indizível, de revelar o que se encontrava escondido, na busca de uma purificação através da confissão. Ao contrário, tratava-se de captar o já-dito, de reunir o que se tinha lido ou o que se tinha escutado, objetivando-se a "constituição de si".

Essa formação de si através da produção dos *hypomnemata* era considerada possível devido a três razões fundamentais. Em primeiro lugar, considerava-se que tal prática, com o acoplamento indispensável da escritura à leitura, permitiria o exercício da razão. Enquanto a leitura era concebida como essencial para se buscar no outro os princípios de condutas, a escrita, por sua vez, seria a forma de recolher essa leitura e de "se recolher" sobre ela. Para Sêneca, por exemplo, a leitura, isolada, levaria à dispersão, ao esquecimento de si, à *stultitia*, o que a associação com a escrita evitaria.

Em segundo lugar, a produção dos *hypomnemata* seria uma prática regulada e voluntária do disparate, no sentido de que era uma prática de escolha de idéias heterogêneas, opondo-se, assim, a práticas que visavam ao conhecimento de uma obra inteira ou de um só autor, ou de uma só corrente de pensamento.

Em terceiro lugar, a sua produção permitiria a apropriação ou a unificação dessas idéias heterogêneas, não só no texto propriamente dito, mas no escritor mesmo, como resultado da própria escrita, da leitura e da releitura do que se escrevia. A escrita permitiria, assim, a "digestão", a incorporação no sujeito – de forma unificada e transformada – daquilo que é lido, constituindo-se, dessa forma, em um princípio de ação racional. Assim, o jogo entre as diferentes leituras escolhidas e a escritura assimilativa permitiria a formação da própria identidade, na qual as diferentes vozes que a constituíram encontrariam uma unidade.

Em suma, finalizando essa seção, podemos afirmar que o levantamento que fizemos das funções atribuídas ao diário, ou a formas de escritura semelhantes, contribui para a manutenção do pressuposto de que o gênero *diário* e seu provável subtipo, o *diário de leituras*, se constituem como verdadeiros instrumentos de desenvolvimento psicológico.

Outros argumentos favoráveis à utilização desse gênero podem ser encontrados ao verificarmos como ela tem sido vista no campo das Ciências Sociais. A análise mais interessante dessa questão é a de Lourau (1988), que dedica o livro *Le journal de la recherche* ao estudo desse tipo de escritura nas Ciências Sociais em particular, analisando diários de vários autores, como Malinowski, Leiris, Morin, Ferenczi e Wittgenstein. Ao descrever o circuito da produção acadêmica, o autor observa que a ordem imposta ao discurso científico tem efetuado uma rigorosa divisão entre o "texto", isto é, a obra acabada, o que pode se tornar público, e o "fora do texto", isto é, o diário, que só eventualmente é publicado, freqüentemente sem a chancela de trabalho científico e sujeito a manipulações editoriais. Segundo o autor, essa ordem acaba por introduzir vieses na própria pesquisa, pois a própria relação com a exposição final limitaria as possibilidades do que se vê, interferindo na coleta de dados e nos procedimentos utilizados. Já o *fora do texto*, o diário, ao contrário, teria a vantagem de deixar transparecer os caminhos da pesquisa, as dúvidas e os problemas do pesquisador, as relações sociais que estabelece com os participantes da pesquisa, enfim, todo o trabalho de criação.

Para Lourau, o surgimento desse gênero na cena universitária apontaria para uma crise do discurso científico, no sentido de que ele se relaciona com a perda de legitimidade do discurso positivista. Como forma de oposição a esse discurso, o diarismo teria passado a ser defendido como um modo de coleta de dados e um modo de escritura capaz de transformar "a velha canção das Ciências Humanas e Sociais". Isso derivaria do fato de que esse gênero permite que se mostre como o sujeito da pesquisa se encontra imerso no seu campo de trabalho, qual é o funcionamento real de sua inteligência, como se desenvolvem as relações sociais que ele estabelece durante a pesquisa. Mais ainda, permitiria mostrar as fraquezas do pesquisador, seu corpo, sua inconfessada tendência para a escritura. Tal tipo de diário seria o que Lourau chama de *diário total*, que teria em Malinowski um de seus maiores expoentes. Nele se misturariam as palavras do etnógrafo e do homem: projetos, tentações, passos da pesquisa, os problemas nos contatos com os interlocutores, assuntos tão profissionais como íntimos. Na verdade, nele não haveria uma demarcação nítida entre ciência e não-ciência, misturando-se o diário de campo, o diário de pesquisa e o diário íntimo.

Antecipando argumentos contrários à utilização desse gênero pela ciência, os pesquisadores diaristas consideram que o fato de escreverem de forma subjetiva não implica uma perda da objetividade. Ao contrário, esse tipo de produção seria auxiliar de uma percepção mais fiel dos dados relevantes da pesquisa, nos quais se incluem os dados sobre o próprio observador. Assim, para Leiris (*apud* Lourau, 1988, pp. 95-97), "*é* levando ao extremo o particular que, freqüentemente, se atinge o geral; é exibindo-se à luz do dia o coeficiente pessoal que se permite o cálculo do erro; é levando a subjetividade a seu auge que se atinge a objetividade"[24]. Da mesma forma, para Malinowski, a prática da produção diarista seria um instrumento, ginástica ou exercício espiritual para se atingir a chamada observação participante.

Nessa mesma linha de raciocínio, grande número dos trabalhos que discutem a pesquisa etnográfica, ou a qualitativa em geral, recomendam a utilização do diário como instrumento privilegiado de coleta de dados. Mas que tipo de diário se recomenda como modelo? Se examinarmos o material produzido por diferentes pesquisadores sob esse rótulo, verificamos que há uma variedade muito grande de formulações, circunscritas entre os pólos de maior ou menor subjetividade. Entretanto, lendo-se a literatura pertinente a essa questão, logo se percebe a indicação de um ou de outro "modelo" de diário, refletindo uma disputa entre diferentes posições ideológicas em relação ao significado e à função da ação científica. Essa parece-nos oferecer um bom exemplo do que Fairclough (1989) concebe como luta pelo poder da e na linguagem, que se manifesta nas disputas pela manutenção ou pela transformação de gêneros em uma determinada esfera social.

Especificamente na linha da chamada etnografia crítica, que se apóia em pressupostos habermasianos, assinala-se freqüentemente a necessidade de uma definição mais precisa sobre qual é o tipo de produção diarista desejável. Anderson (1989), por exemplo, afirma que os etnógrafos críticos deveriam começar a compartilhar seus *insights* sobre questões metodológicas, entre as quais arrola a questão de como se deve escrever um diário reflexivo. Gitlin *et alii* (1988), por sua vez, discutindo a necessidade de que haja uma coerência entre os propósitos, as concepções epistemológicas do pesquisador e a metodologia utilizada, e reconhecendo que as histórias pessoais dos participantes e do pesquisador interferem em todo o processo de pesquisa, gerando-se tensões entre valores e prática, consideram fundamental que se explicitem essas tensões e suas relações com as estruturas contextuais. Para isso, segundo esses autores, seria necessário que o pesquisador se mantivesse "no texto", e não fora dele, postulando-se, assim, uma forma de produção em que o sujeito não se oculte.

De toda a argumentação exposta a favor do diarismo nas Ciências Sociais, salientemos, novamente, que também aqui o diário é visto como instrumento, com função tanto no nível intrapessoal como no nível interpessoal. No primeiro caso, como instrumento que, permitindo o reconhecimento das noções pré-teóricas que influenciam a pesquisa, leva à autocrítica e ao autocontrole do próprio pesquisador. No segundo caso, permitindo a expressão da subjetividade do pesquisador de forma explícita, permite a discussão crítica, que se constitui em um imperativo ético da pesquisa.

Além disso, observamos que, com o incentivo à utilização de gêneros como o diário, o que se procura é alterar os papéis sociais que o pesquisador e o informante têm ocupado tradicionalmente. Com os pressupostos habermasianos em mente, esses pesquisadores procuram abandonar as relações sociais estereotipadas da situação de pesquisa, em que o observador tem um papel privilegiado em relação ao observado, para se buscar a constituição de novas relações, construídas num processo dialógico em que todos os participantes se assumam enquanto interlocutores.

Assim, podemos concluir que também aqui encontramos apoio para a tese de que o diário pode se constituir num gênero propício à transformação das relações estereotipadas vigentes em determinadas formações sociais, favorecendo a instauração de um real diálogo entre interlocutores.

Finalmente, vejamos como a utilização da produção diarista tem sido vista na pesquisa e na prática educacional. Em primeiro lugar, a focalização de alguns aspectos históricos pode esclarecer algumas pressuposições a respeito dessa utilização, que parecem ainda influenciar o pensamento de muitos educadores.

Voltando a séculos passados, na leitura de *Le moi des demoiselles*, no qual Lejeune (1993a) apresenta e analisa os diários íntimos de jovens que os escreveram entre os anos de 1766 e 1901, verificamos que, nessa época, a produção diarista se constituía como uma prática educativa, ou com o objetivo de exame cotidiano de consciência, ou com o objetivo de aprendizado da escrita. Em sua grande maioria, essa prática se baseava numa relação interindividual forte entre a diarista e sua mãe ou sua instrutora, entre as quais se firmava um contrato inicial, cujas regras eram estabelecidas pelas últimas, que também faziam a leitura e as correções dos diários, mantendo-se a concepção de que o diário daria às jovens o hábito da escrita e da releitura, o que lhe permitiria experimentar algumas das dimensões de sua personalidade.

Entretanto, o autor observa que, a partir de um certo momento, foram se desenvolvendo duas posições educacionais antagônicas: uma que estimulava essa prática, e outra que a condenava e que apontava riscos em sua utilização. A primeira posição era característica do ensino laico, fornecido em casa, pela mãe ou pela instrutora, que recomendavam a escrita do diário todos os dias, ou diretamente, ou através da sugestão da leitura de romances-diários, que se constituíam em modelos de conduta e de escrita.

De outro lado, aparecia uma posição contraditória da Igreja, que, ao mesmo tempo que aconselhava o exame de consciência, apontava para o perigo de os jovens caírem no narcisismo e na complacência de si. Assim, se os educadores católicos chegavam a tolerar a escrita diarista, não chegavam a aconselhá-la. Segundo Lejeune, essas duas posições revelam uma representação complexa desse gênero, como "uma arma de dois gumes", pois, ao mesmo tempo que ele era considerado como um instrumento de controle, era visto também como uma "porta aberta a todos os descaminhos"[25]. Essa última posição acaba por levar os educadores à tentativa de controlar esse discurso, mesmo nos seus aspectos especificamente lingüísticos, tentando-se impor modelos precisos à sua prática.

No final do século XIX, essa corrente contrária à produção do diário como meio de educação e mesmo como prática individual começou a ganhar novos adeptos entre os educadores ligados ao ensino laico. Na luta contra a produção diarista, alguns desses educadores passaram a utilizar argumentos contrários a ela, tanto de ordem moral como de ordem psicopatológica. É o caso, por exemplo, de Rauber, que, em 1896, apontava para o que lhe parecia ser um defeito fundamental do diário, a sua falta de sinceridade, justamente uma de suas características essenciais. Para essa inspetora de ensino, isso levaria o aluno a mentir constantemente sobre si mesmo. Problema maior ainda, segundo a autora, seria o fato de que as pessoas que mais se interessariam pela produção diarista seriam as que têm o espírito melancólico, triste, a quem o diário apenas acentuaria esse mal. Conseqüências piores ainda eram profetizadas para as jovens, que seriam mais propensas ao sonho que os jovens, pois, segundo a educadora, perderiam o equilíbrio e a visão nítida da realidade, assim como esqueceriam a necessidade de se aceitar a vida como ela é, com as tarefas comuns e essenciais de cada dia.

Em suma, desse breve relato histórico, podemos observar que, desde então, os educadores entrevêem as possibilidades de o diário ser não só um instrumento para o desenvolvimento geral e da capacidade de escrita como também um instrumento de ruptura com as normas preestabelecidas, de propiciador de comportamentos não desejados pelas instituições e de questionamento sobre os papéis sociais instituídos, e até mesmo de não-aceitação desses papéis. Verificamos ainda que, tal como na luta pela introdução do diário nas Ciências Sociais, também na esfera educacional desencadeou-se uma disputa com contornos ideológicos envolvendo esse gênero.

Atualmente, como reflexo ainda de uma tendência a não considerá-lo como gênero a ser ensinado ou utilizado institucionalmente, verificamos que muito poucas publicações didáticas se referem a ele tanto no exterior quanto no Brasil, onde a escassez desse tipo de material parece-nos ser total, observando-se também um certo preconceito em relação à produção diarista para fins didáticos. Para muitos pesquisadores e educadores, ela é vista como um instrumento "pouco sério", ironizando-se freqüentemente a ação daqueles que começam a utilizá-la e a defendê-la.

Esse preconceito parece-nos ser derivado de um desconhecimento das formas de utilização desse gênero e de suas possibilidades, e de uma certa identificação que se estabelece entre essa produção e a produção do diário íntimo. Outra explicação possível para essa rejeição poderia ser encontrada na própria argumentação desenvolvida no século XIX contra a sua utilização, isto é, a de que o diário seria "porta aberta para descaminhos". Em outras palavras, a produção diarista poderia ainda ser vista, até inconscientemente, como capaz de provocar um rompimento na ordem desejada, levando à perda do controle do professor sobre o aluno, ou, em nossos termos, à instalação de novas relações entre os interlocutores na situação escolar, o que nem sempre é bem-vindo.

Entretanto, a rejeição à utilização do diário para fins didáticos começa a ser questionada. Começamos a observar a emergência de uma nova posição em relação a ela. Esse novo impulso, observado sobretudo nos Estados Unidos e, de certa forma, emergente na França[26] e no Brasil, é facilmente constatável no número crescente de livros e de artigos de pesquisadores em educação em geral, e de didática de leitura e escrita em particular. Nesses livros e artigos, são apontados resultados positivos de experiências levadas a cabo, fazendo-se recomendação explícita da utilização desse gênero ou de semelhantes e refletindo, em geral, uma preocupação maior com a questão dos processos de produção e de leitura do que com o produto acabado.

Alguns exemplos dessa posição, em relação ao ensino de produção de textos, podem ser aqui mencionados, como o de Nickerson *et alii* (1985), que tomam como justificativa básica de sua posição a idéia de que a relação entre escrever e pensar é dupla. Se, de um lado, escrever exige pensar, de outro, escrever é um veículo para pensar. Em outras palavras, para os autores, escrever não é só desenvolver pensamentos totalmente completos, mas é uma ação que fornece um meio para que esses pensamentos sejam trabalhados.

Apoiando-se em Vigotski, os autores lembram ainda que esse autor considera que o desenvolvimento do pensamento surge, em parte, como internalização do discurso com o outro. Semelhantemente, poder-se-ia partir da escrita pública para aprender a "escrever para si mesmo", acentuando-se, assim, a importância do que Bereiter, já em 1980, chamava de "escrita epistêmica". Nickerson *et alii* consideram ainda que as formas convencionais de expressão escrita não são as únicas ou mesmo as melhores formas de se pensar através da escrita. Segundo sua concepção, muitas formas de atividades de escrita que não vão além da forma de rascunho final podem ser mais adequadas a essa função. Assim, poder-se-ia pensar em formas de instrução sobre a rubrica "pensar no papel", que não teriam nada a ver com produtos convencionais escritos e que enfatizariam o uso heurístico da escrita para si mesmo como meio de se pensar sobre um problema. Essas formas de instrução, segundo os autores, poderiam fazer mais para desenvolver o pensamento e a própria escrita do que só as formas de instrução convencionais.

Segundo Bronckart[27], o que há de novo nessa argumentação é uma posição contrária à de outros pesquisadores que afirmam que o desenvolvimento lógico levaria a formas de expressão mais elaboradas, que seriam, portanto, as mais desenvolvidas. Nickerson *et alii* defenderiam exatamente o contrário, isto é, que haveria uma forma menos elaborada de expressão que seria, de fato, a mais desenvolvida, no sentido ser a mais produtiva. É, assim, nessa linha de pensamento, que se abrem as pesquisas que tomam os diários com fins didáticos como objeto de estudo.

No campo da pesquisa educacional, os chamados *diary studies*, segundo Bailey (1990), apareceram primeiramente como pesquisas em aquisição de segunda língua, nas quais os adultos registravam os produtos lingüísticos das crianças, não havendo, portanto, ênfase na questão da autoria, da subjetividade. Entretanto, atualmente, conforme aponta a autora, novas formas de estudos de diário têm-se desenvolvido num corpo crescente de pesquisas sobre ensino, encontrando-se entre elas três tipos básicos: as que focalizam experiências de ensino, as que focalizam experiências de aprendizagem de linguagem e as que focalizam reações dos alunos em face de cursos acadêmicos.

Para Porter *et alii* (1990), o desenvolvimento desses estudos está ligado a uma nova concepção de ensino, que se baseia tanto em pressupostos vigotskianos quanto em pressupostos de modelos recentes de produção de textos, e que podem ser resumidos basicamente em três itens:

– é importante a conexão entre escrita e aprendizado, uma vez que a escrita pode ser considerada como um processo de descoberta, uma forma de gerar idéias, de se estabelecer conexões entre elas e de transformar noções preconcebidas;

– a escrita é também uma atividade social, uma vez que o diarista explora tanto as suas idéias quanto o que os outros pensaram e expuseram. De acordo com esse pressuposto, o diário permitiria que os estudantes não só escrevessem e falassem sobre suas idéias, mas também que eles se tornassem membros de uma comunidade discursiva, escrevendo para essa comunidade, da qual seus professores e colegas também fazem parte;

– o foco no ensino de linguagem numa abordagem comunicativa, que implica o estabelecimento de um processo dialógico contínuo entre o professor e os alunos, e dos alunos entre si, e, portanto, um envolvimento maior do aluno diante de seu próprio aprendizado, o que a escrita do diário permitiria.

Entre os trabalhos que tomam os diários dos próprios pesquisadores como instrumento de coleta, Bailey (1990) aponta o de Deen (1987), o de Telanik (1977, 1978) e o de Butler-Wall (1979). Vários são os benefícios apontados por esses pesquisadores na utilização do diário, tais como a possibilidade de clarificação de idéias e de sentimentos sobre o ensino e sobre o modo de resolver problemas; a possibilidade de modificação do produtor do diário, que se tornaria menos defensivo em relação à crítica alheia; a possibilidade de levantamento de questões, de problemas recorrentes e de pontos a investigar, graças ao trabalho de introspecção; a conscientização de atitudes pessoais que passavam despercebidas a uma primeira vista. Portanto, pelos exemplos apontados, pode-se dizer que a validação da produção diarista dos pesquisadores em educação já está em via de ser comprovada.

Já dentre as pesquisas com diários em que os alunos documentam suas reações em face de cursos acadêmicos, enumeradas por Bailey, podemos citar a de Asher (1983), a de Brown (1985), a da própria Bailey (1983) e, finalmente, a de Spack & Sadom (1983). Outras pesquisas do mesmo tipo são enumeradas por Billerbeck (s/d), em pesquisa de doutorado defendida na UNICAMP sobre a utilização do diário como instrumento para o ensino de produção de textos, tais como a de Reed (1981), a de Staton (1981), de Wanning & Hughes (1987) e, particularmente no Brasil, a de Saeneszi (1991) e a de Miccoli (1987). Em relação à leitura, Billerbeck aponta a pesquisa de Simpson (1986), a de Frager & Malena (1986) e a de Ruppert & Brueggman (1986).

Porter *et alii* (1990), por sua vez, discutindo experiência com a utilização de diários na formação de professores, nos quais os alunos anotavam reações diante de leituras, seminários, projetos e observações de aula, arrolam inúmeros benefícios daí decorrentes, tanto para o professor quanto para o aluno. Entre esses benefícios, salientamos os seguintes:

– a possibilidade de detecção das dificuldades individuais de cada aluno, que poderia ser ajudado de forma mais consistente;

– a promoção de aprendizado autônomo, o que encorajaria os alunos a assumir responsabilidade diante de seu próprio aprendizado e a desenvolver suas próprias idéias, o que acabaria por promover uma avaliação crítica dos cursos;

– o aumento da confiança dos alunos em sua habilidade para aprender, para trabalhar com material considerado como difícil e para ter *insights* originais;

– a possibilidade de encorajar os estudantes a estabelecer conexões entre o conteúdo do curso e a sua própria ação;

– a possibilidade de o curso se tornar mais orientado pelo processo, uma vez que se permite que o *input* fornecido pelos alunos interfira no desenvolvimento do curso. Com esse *input*, o professor conseguiria saber qual é o estado real do conhecimento do aluno, podendo reestruturar a aula e o conteúdo do curso de acordo com as reais necessidades;

– a possibilidade de o professor ter acesso a um contexto mais amplo, dentro do qual ele poderia avaliar de forma mais adequada o desempenho de cada aluno;

– a possibilidade de haver uma discussão mais produtiva na sala de aula, derivada da própria responsabilidade que cada um tomaria em relação à sua própria aprendizagem;

– a criação de interação mais forte e mais eficiente, tanto dentro da sala de aula como fora dela, tanto entre o professor e o aluno quanto entre os alunos entre si.

Finalmente, encerrando esse pequeno inventário das pesquisas que se tem realizado sobre a questão específica da utilização do diário como instrumento didático ou como instrumento para coleta de dados de pesquisa, queremos salientar ainda que em nossa universidade, no Programa de Estudos Pós-Graduados em Lingüística Aplicada, alguns alunos já desenvolveram dissertações de mestrado em torno desse tópico, tais como Solange Castro (1994) e Liberalli (1994), estando alguns deles ainda se aprofundando no assunto, em pesquisas realizadas para teses de doutorado.

Concluindo essa parte de nosso trabalho, é fácil perceber que todas as pesquisas que arrolamos apontam para a sustentação de nossos pressupostos favoráveis à utilização da produção diarista para fins didáticos.

Entretanto, ao final deste capítulo, fica-nos certamente uma questão a responder: todas essas produções rotuladas como *diários* podem ser realmente consideradas como pertencentes a um mesmo gênero, no sentido bakhtiniano do termo? O fato de não podermos responder de forma imediata e segura a essa questão deriva, com certeza, da história dos estudos que se desenvolveram em torno da questão dos gêneros. Esses estudos giraram, durante muito tempo, somente em torno de produções textuais socialmente valorizadas, relacionadas à literatura, às produções científicas e jurídicas. Assim, para essas produções já temos descrições mais ou menos estáveis, mas bastante confirmadas. Ao contrário, é só recentemente, com a redescoberta de Bakhtin, que os textos da vida ordinária, como o é o diário, têm sido objeto de abordagens em termos de gênero. Dessa forma, a sua definição e a sua descrição permanecem ainda mais vagas, menos estáveis. Entretanto, tentemos sugerir uma resposta à questão levantada, a partir dos pressupostos bakhtinianos.

Em primeiro lugar, é preciso considerar que há uma ambigüidade na utilização do termo *diário*. Numa primeira acepção, o termo pode referir-se a um portador de texto específico, o caderno diário, que contém um conjunto de textos que se escreve periodicamente, ou cotidianamente, fora das instituições, da vida pública, abrangendo textos das mais variadas formas e conteúdos, que podem se basear em gêneros totalmente diferentes. Daí o fato de que possamos encontrar no que se rotula como "Diário de X", tanto relatos do dia-a-dia, com referência direta à situação de comunicação, quanto poesias, ensaios críticos e outros tipos de textos que se distanciam dessa situação de comunicação.

Em segundo lugar, o termo *diário* pode referir-se a um tipo de texto específico, cuja produção parece-nos ser propriamente baseada em um gênero *diário*. A partir do levantamento bibliográfico que fizemos e das considerações de Bakhtin sobre os gêneros íntimos, podemos dizer que esse gênero teria, como características individualizadoras:

– um destinatário empírico normalmente ausente e percebido como "fora dos âmbitos da hierarquia e das convenções sociais";

– um papel mais acentuado do superdestinatário, no sentido bakhtiniano do termo;

– o estabelecimento de um "contrato de confiança" entre o agente produtor e o superdestinatário e mesmo entre o agente produtor e o destinatário empírico, quando presente, com a implicação da expectativa de otimização da compreensão responsiva desse destinatário;

– a atribuição de franqueza, pelo locutor, ao discurso produzido;

– um estilo marcado por uma expressividade particular, por uma atitude pessoal e informal com a realidade;

– a presença dos referentes privados, considerados em sua grande variabilidade, desde os afetivos até os cognitivos;

– a construção de um mundo discursivo temporalmente conjunto ao da situação de comunicação;
– a implicação do locutor, do tempo e do espaço da situação material de comunicação;
– a ausência de preocupação com os procedimentos de textualidade, isto é, com a conexão e a coesão, o que lhe confere a característica de fragmentado;
– objetivos múltiplos;
– a criação de um espaço que permite a constituição das subjetividades.

Resta-nos uma outra questão, que só poderemos responder adequadamente após a análise de nossos dados: até que ponto o diário de leituras, produzido em situação de comunicação didática, conserva traços do gênero *diário* ou incorpora traços de seu estilo? Sendo a sua situação de produção específica nitidamente diferente da situação em que se produz o diário privado, pode-se, mesmo assim, considerar que há uma certa relação entre eles?

Para podermos chegar a algum esclarecimento sobre essas questões, vejamos, a seguir, a segunda parte desse trabalho, em que enfocamos mais especificamente a pesquisa que desenvolvemos.

PARTE II **A PESQUISA**

Capítulo 3 **O quadro teórico da análise dos textos**

Este capítulo tem por objetivo apresentar as teorias que tomamos como base para a análise dos textos produzidos pelos alunos: fundamentalmente, a teoria do funcionamento dos discursos proposta por Bronckart *et alii* (1985), recentemente reformulada (Bronckart, 1994b), e a teoria da organização seqüencial proposta por Adam & Petitjean (1989 ss.). Vejamos, a seguir, como podemos caracterizar cada uma dessas teorias.

1. A teoria do funcionamento do discurso

Os trabalhos de Bronckart e de sua equipe têm-se desenvolvido no esforço de conjunção de pressupostos oriundos da teoria do agir comunicativo, do interacionismo-social e da teoria da enunciação, numa perspectiva psicológica[1]. Marco desse esforço foi a publicação, em 1985, de *Le fonctionnement des discours*, no qual os autores buscaram estabelecer uma base de conceitos teóricos, a partir dos quais consideravam ser possível formular um modelo de produção do discurso. A partir daí até hoje, inúmeros outros trabalhos[2] se sucederam, tendo por base essa teoria, incidindo sobre produções textuais em diferentes línguas, que permitiram que muitos dos conceitos postulados na teoria inicial obtivessem uma confirmação empírica, enquanto outros foram sendo questionados e reelaborados.

Salientamos que o modelo proposto não pode ser visto como um modelo processual[3], isto é, como um modelo que descreva os processos psicológicos, tais como se desenvolvem no tempo real da produção verbal, nem como um modelo formal que calcule os valores e as unidades lingüísticas que se devem produzir em uma determinada situação de comunicação. Na verdade, as operações de produção aí postuladas se constituem como um conjunto de hipóteses heurísticas que permitem compreender a freqüência ou a ausência de certas unidades lingüísticas nos textos analisados, com o objetivo de estudar o efeito das situações de comunicação sobre o funcionamento da língua, centrando-se sobre a organização de diferentes tipos de textos.

Partindo do conceito de *ação*, considerada como a unidade de estudo da Psicologia e como a parte da atividade social que se pode atribuir a um agente, Bronckart define a *ação "langagière"* ou *verbal* como a unidade psicológica que corresponde à unidade lingüística constituída pelo texto empírico e que se expressa através dele. Sendo uma unidade psicológica, essa ação pode ser descrita independentemente de quaisquer características lingüísticas efetivamente presentes no texto, através da identificação dos valores atribuídos aos *parâmetros da situação de comunicação* e do conteúdo temático mobilizado pelo agente produtor. Dessa forma, uma mesma ação *langagière* pode concretizar-se através de diferentes textos reais. Por exemplo, a ação "No dia 12/08/95, em sua casa, em São Paulo, X, no quadro familiar, no papel de mãe, se dirige oralmente a Y, que está no papel de filho, para convencê-lo a voltar cedo para casa" pode ser concretizada através de textos das mais diferentes formas.

Segundo o modelo, no nível psicológico, temos um primeiro conjunto de operações, que consiste na mobilização de representações do agente em dois sentidos: de um lado, a definição da representação interna do contexto de produção; de outro, a mobilização das representações referentes aos conteúdos. Constitui-se, assim, uma *base de orientação* para a tomada de uma série de decisões ou escolhas, que o agente deve tomar para levar a termo a ação verbal, que seriam de três tipos:

– a decisão quanto ao gênero;
– as decisões quanto ao *tipo de discurso*;
– as decisões relativas ao estabelecimento de coerência.

Nas decisões relativas ao tipo de discurso estariam envolvidos três tipos de operações:

– a constituição de um mundo discursivo;
– a escolha do grau de implicação da situação material de produção;
– a escolha de um tipo de seqüencialidade (ou de seqüência).

Quanto às decisões relativas ao estabelecimento de coerência, elas são agrupadas em três tipos básicos de *procedimentos de textualização*:

– os procedimentos de conexão e coesão;
– os procedimentos de modalização;
– a planificação textual geral.

Vejamos a seguir, mais detidamente, as diferentes operações propostas e os conceitos da teoria que consideramos mais importantes. Em primeiro lugar, a *constituição de uma base de orientação* envolve a mobilização de representações do agente em dois sentidos: de um lado, a definição da representação interna do contexto de produção; de outro, a mobilização das representações referentes aos conteúdos. Vejamos cada um desses aspectos mais detalhadamente.

O *contexto de produção* (ou a situação de comunicação) é definido como o conjunto dos elementos do mundo físico e social – tais como os agentes os representam – que exercem uma influência necessária sobre a forma como o texto se apresenta. Esses elementos se distribuem em dois conjuntos: a *situação material de produção*, que se relaciona ao mundo físico, e a *situação de interação social*, que se relaciona ao mundo social. Cada uma dessas situações pode ser descrita ou caracterizada por meio de quatro parâmetros distintos, que seriam:

– o lugar de produção;
– o momento de produção;
– o emissor[4], considerado como sendo qualquer instância física que produz fisicamente o texto, na modalidade escrita ou oral;

– o receptor, considerado como a pessoa que recebe concretamente o texto, quer esteja presente, quer não, no mesmo espaço-tempo do emissor.

Já os quatro parâmetros que definem ou caracterizam uma situação de interação social seriam os seguintes:

– o lugar social ou a formação social em cujo quadro se desenvolve a produção verbal;
– o enunciador, definido como a instância social de onde procede a atividade, ou como o papel social que ocupa o emissor;
– o destinatário, definido como a instância social para a qual se destina a atividade, ou como o papel social que ocupa o receptor;
– o objetivo ou os objetivos da interação.

É necessário salientar que os autores destacam que a definição dos valores dos parâmetros de enunciador e destinatário não se faz simplesmente em termos de classes sociais, culturais ou econômicas previamente definidas, mas em termos das relações que são colocadas em jogo entre o enunciador e o destinatário, em diferentes domínios, numa determinada situação concreta de comunicação[5]. Por exemplo, numa determinada situação de comunicação, em sala de aula, ao lado de relações sociais predefinidas, podem entrar em jogo outros valores relacionados ao estatuto socioeconômico ou cultural dos participantes. Outra observação importante é a de que esses parâmetros, sendo representações, são construções sociais que se desenvolvem no processo de aprendizagem, em dependência da avaliação social a que os agentes estão continuamente expostos. Assim, pode-se dizer que as representações dos diferentes papéis sociais que um mesmo emissor pode ocupar seriam produto das diferentes situações de comunicação mais ou menos estereotipadas, em diferentes formações sociais, em que o indivíduo atua no transcorrer de sua vida.

Como produtos sociais, admitimos também que essas representações estão sujeitas tanto a uma simples reprodução como a uma transformação. Além disso, admitimos ainda que, numa mesma sociedade, podem existir, num mesmo momento histórico, diferentes representações dos papéis sociais competindo para serem legitimadas. Além disso, podemos considerar, junto com Fairclough (1989), que essas representações não têm um caráter unidimensional, mas sim multidimensional e complexo. Para esse autor, numa mesma situação de comunicação, uma das dimensões dessas representações deriva da identidade social assinalada pela instituição social na qual se desenvolve a interação, uma outra dimensão deriva do tipo de atividade, e uma terceira dimensão deriva dos papéis inscritos na própria atividade de linguagem. Por exemplo, no caso específico de nossa pesquisa, poderíamos dizer que os produtores se confrontariam com uma situação de comunicação em que teriam de mobilizar, no mínimo, suas representações em relação aos papéis de aluno e de professor, de escritor e de leitor do diário de leituras, e de enunciador e de destinatário da produção verbal.

De acordo ainda com o modelo, as representações referentes aos parâmetros da situação de comunicação não nos são dadas diretamente, nem pelo texto efetivamente produzido, nem pela situação material de produção. Portanto, elas não seriam diretamente acessíveis, nem ao interlocutor, nem a um observador externo, nem a um analista, que poderiam apenas inferi-las, servindo-se das pistas fornecidas pelo texto e pela situação. Assim, em situações reais de produção, podem surgir problemas para o produtor quanto a essas representações, tanto em relação à escolha entre várias representações possíveis como em relação a uma possível divergência entre as suas representações e as representações do interlocutor, da mesma forma que o interlocutor (ou o analista) pode ter problemas ao fazer inferências inadequadas sobre elas. Entretanto, admitimos que, para o analista, é a análise dessas pistas textuais que pode constituir-se como o instrumento de acesso a essas representações.

Já em relação à mobilização dos conteúdos, considera-se como *conteúdo* ou *referente textual* o conjunto de conhecimentos do mundo físico e do social que são explicitamente evocados e que são provenientes do conjunto de conhecimentos estocados e organizados na memória do produtor do texto. Dentre os fatores que influenciam essa mobilização e seleção, é necessário considerar não só as representações que o agente produtor se faz dos parâmetros da situação de comunicação, mas também as representações sobre o tipo de atividade em que ele está envolvido. Não se quer dizer com isso que tanto essas representações como aquelas determinem mecanicamente os conteúdos, mas sim que elas restringem o conjunto de tópicos possíveis numa determinada formação social, numa determinada atividade. Por exemplo, a mobilização dos conteúdos para uma produção verbal relacionada à atividade de leitura em situação escolar sofrerá uma restrição não só pelas representações dos parâmetros da situação de comunicação específica mas também pela representação que o aluno se faz dessa atividade.

Constituída a base de orientação, a primeira das operações a ser realizada envolve a *decisão em relação ao gênero* que será adotado, tendo em vista as representações anteriormente construídas. Conforme já mencionamos quando discutimos a questão dos gêneros, toda produção verbal se articula a um determinado gênero, tendo os agentes produtores um conjunto de conhecimentos sobre eles e sobre sua indexação às diferentes situações de comunicação. Assim, numa situação particular de comunicação, esses agentes têm à sua disposição um conjunto de gêneros possíveis a essa situação, dentre os quais devem escolher o que lhes parecer mais adequado, de acordo com seus objetivos específicos. Não se quer dizer com isso que a escolha efetiva seja mecânica e que não possa incluir gêneros que não são indexados a essa situação. Pode-se pensar, por exemplo, que o produtor tenha problemas em relação à definição da situação de comunicação, escolhendo um gênero que não lhe é próprio ou que busque produzir um efeito especial exatamente pela escolha de um gênero considerado não apropriado à situação.

A segunda operação a ser realizada envolve a *decisão sobre o tipo de discurso* a ser construído. A primeira observação a ser feita aqui é a distinção que se faz entre as noções de *texto* e de *discurso*. O conceito de texto é utilizado em dois sentidos: como conceito teórico, ele seria a maior unidade de produção verbal, composta de frases que se ligam entre si de acordo com determinadas regras e que veiculam uma mensagem que tende a ser coerente. É uma unidade lingüística, considerada de uma perspectiva interna, e como produto material de uma ação verbal. Em termos empíricos, o conceito se refere a qualquer exemplar concreto e sempre único da realização dessa unidade. Por sua vez, o *discurso*, unidade teórica, seria uma entidade mais ampla[6], que só pode ser apreendida levando-se em conta os parâmetros da situação de comunicação.

Podemos ter, assim, textos constituídos por um só tipo de discurso ou por vários tipos de discurso. Os discursos seriam segmentos de texto que traduzem uma certa relação com a situação de comunicação, através de subconjuntos de unidades lingüísticas. Assim, os discursos podem ser delimitados e definidos pela combinação das operações subjacentes que se aplicam ao contexto e ao conteúdo e que se manifestam através de configurações de unidades lingüísticas mais ou menos específicas a cada um deles. Enquanto a heterogeneidade textual é considerada como ilimitada, postula-se que há um número limitado de *tipos de discurso*, basicamente quatro, com os quais se podem construir diferentes e ilimitados tipos de texto. Esses tipos de discurso são identificáveis na superfície textual enquanto *tipos lingüísticos*[7], que se diferenciam por configurações de unidades lingüísticas específicas a cada tipo[8].

Três categorias de operações ou de procedimentos psicológicos entram em jogo na construção de um tipo de discurso. Em primeiro lugar, o agente produtor deve operar a *constituição de um mundo discursivo*. Para isso, ele se encontra diante de duas possibilidades gerais em relação à maneira de situar as representações dos mundos mobilizadas para a produção textual: ou situá-las em um mundo colocado como distante (ou disjunto) do mundo da interação social em curso, ou em um mundo conjunto ao dessa interação.

Em segundo lugar, o produtor deve efetuar uma *escolha quanto ao grau de implicação da situação material de produção*. Quer sejam os mundos construídos como conjuntos ou disjuntos ao da interação social, o produtor deve ainda escolher entre duas possibilidades: integrar ou não a seu texto referências explícitas aos parâmetros da situação material de produção. Quando ele escolhe integrar essas referências ao texto, temos *implicação* desses parâmetros. Quando escolhe não integrá-las, o texto é *autônomo* em relação a esses parâmetros.

Em terceiro lugar, o produtor deve escolher, dentre as seqüências disponíveis (descritiva, descritiva-injuntiva, narrativa, argumentativa, explicativa e dialogal)[9], a que lhe parecer mais adequada, tendo em vista os parâmetros da situação de comunicação, o que permite conferir uma dimensão discursiva à organização seqüencial. Qualquer que seja o tipo de discurso escolhido, as representações de mundo que são mobilizadas para a produção verbal passariam, normalmente, por uma reorganização lingüística, sob a forma de *seqüências* convencionais, constituindo-se, assim, o *plano do discurso*[10]. Cada segmento de um determinado tipo de discurso poderá, portanto, ser organizado na forma de um ou de vários tipos de seqüências. Entretanto, Bronckart considera que o produtor pode ainda construir segmentos de textos que não são organizados convencionalmente e que refletem muito diretamente a forma de organização dos conteúdos na memória, ou sob a forma de *script* ou de *plano expositivo puro*. Os *scripts* apresentariam uma organização segundo a ordem cronológica efetiva dos acontecimentos ou dos estados evocados, ou segundo uma ordem diretamente cognitiva. Já o plano expositivo puro apresentaria objetos considerados como não problemáticos ou contestáveis para o destinatário, refletindo muito diretamente as modalidades cognitivas de organização de informação e apresentando formas muito variadas, como a da definição, a da enumeração, a da cadeia causal, etc.

Finalmente, o terceiro tipo de operações diz respeito às *decisões relativas ao estabelecimento de coerência*, que envolvem os chamados procedimentos de textualização, definidos como os mecanismos subjacentes que regulam o emprego de unidades lingüísticas mais ou menos específicas e que concorrem para o efeito de coerência global do texto. Conforme vimos anteriormente, esses procedimentos são basicamente de três tipos.

Em primeiro lugar, temos os *procedimentos de coesão e conexão*, que têm por função explicitar as diferentes relações existentes entre o conjunto dos elementos de significação que são expressos no texto. Enquanto os procedimentos de coesão relacionariam os elementos de significação que têm propriedades referenciais comuns, tanto no nível das formas nominais como no nível das formas verbais, os procedimentos de conexão explicitariam as relações entre frases, entre fases de seqüências e entre as partes de um plano global do texto. As unidades lingüísticas que desempenham a função de conexão se distribuiriam de forma diferente, de acordo com o tipo de discurso no qual se inserem. Assim, os organizadores temporais apareceriam de forma privilegiada nos discursos disjuntos, enquanto os organizadores lógicos seriam mais freqüentes nos discursos conjuntos, e os organizadores espaciais nas seqüências descritivas, qualquer que seja o tipo de discurso no qual elas se inserem.

Em segundo lugar, temos os *procedimentos de modalização*, cuja função geral é a de traduzir as diversas avaliações do produtor (pontos de vista, sentimentos, julgamentos, etc.) em relação a determinados elementos do conteúdo do texto. A escolha das diferentes unidades lingüísticas que marcam as diferentes modalizações seria independente do tipo de discurso no qual essas unidades se inserem. As diferenças de freqüência dos modalizadores que se podem detectar entre diferentes textos seriam decorrentes do tipo de gênero ao qual o texto se relaciona, e não do tipo de discurso.

Finalmente, em terceiro lugar, temos o *procedimento de planificação textual global*, cuja função é a de organizar os diferentes tipos de discurso numa estrutura textual global, ou em um *plano de texto*[11].

Voltando à questão dos tipos de discurso, vejamos a seguir como se pode caracterizar cada um deles. Combinando-se as duas oposições que constituem, de um lado, a escolha do mundo discursivo e, de outro, a escolha do grau de implicação da situação material de produção (disjunção X conjunção; implicação X não-implicação), podemos chegar aos quatro grandes tipos (ou protótipos) de discurso que são propostos na teoria, tal como nos mostra o esquema abaixo:

Quadro 1. Tipos de discurso

		Relação ao conteúdo	
		Conjunção	Disjunção
Relação à situação	Implicação	**Interativo**	**Relato interativo**
	Autonomia	**Teórico**	**Narração**

Como vemos, os quatro tipos de discurso se distribuem em dois grandes conjuntos: os do eixo do EXPOR (conjuntos) e os do eixo do NARRAR (disjuntos). Dentre os primeiros, o *discurso interativo* se caracteriza pela constituição de um mundo discursivo conjunto ao da interação social em curso, com referências explícitas aos parâmetros da situação material de produção, enquanto o *discurso teórico* também constitui um mundo conjunto ao da interação, mas sem integrar essas referências. No eixo do NARRAR, o *relato interativo* constitui um mundo discursivo disjunto ao da interação, integrando referências aos parâmetros da situação material de produção, enquanto a *narração*, constituindo também um mundo disjunto, não integra essas referências. Admite-se ainda que existe, no eixo do EXPOR, um tipo de discurso intermediário, o *discurso interativo-teórico misto*, que combinaria características tanto do discurso interativo quanto do discurso teórico. Além disso, haveria ainda uma outra subdivisão desses tipos de discurso, de acordo com o número de agentes envolvidos na realização de um dado segmento de texto. Assim, enquanto os discursos teóricos, os relatos e as narrações apresentariam um caráter monológico ou monogerado[12], os discursos interativos poderiam apresentar-se tanto como monológicos, dialógicos ou poligerados, dependendo do número de produtores envolvidos[13].

Cada um desses discursos caracterizar-se-ia por apresentar configurações de unidades lingüísticas específicas, o que tem sido confirmado por diferentes estudos empíricos levados a cabo por vários pesquisadores[14], tanto por aqueles que tomam por objeto de análise textos em língua francesa como por aqueles que tomam textos em outras línguas, como o basco, o espanhol, o alemão e, mais recentemente, o português.

Assim, no francês, a maior parte das unidades características do discurso interativo se referem às coordenadas dêiticas da produção do discurso, que marcam a conjunção e/ou a implicação existentes entre o mundo discursivo construído e o mundo da interação social em curso. Tais são os pronomes de primeira e segunda pessoa do singular, os pronomes de segunda pessoa do plural, os dêiticos temporais e espaciais, as frases não-declarativas no seu emprego literal, assim como o subsistema temporal aí presente, que se desenvolve em torno do presente e que inclui o passado composto, o imperfeito e o futuro perifrástico. Quanto ao discurso teórico, ele se caracterizaria pela ausência de dêiticos e de organizadores temporais. Suas unidades lingüísticas típicas seriam os organizadores lógico-argumentativos, quer sejam os léxico-semânticos, quer sejam os intra-meta-intertextuais[15], as passivas e as anáforas pronominais. Ele apresentaria ainda uma alta densidade sintagmática, e o subsistema temporal utilizado seria análogo ao do discurso interativo, com uma predominância maior do presente (com valor genérico) e com o emprego do futuro simples em vez do futuro perifrástico. Da mesma forma que no discurso interativo, haveria também uma freqüência significativa de frases não-declarativas, mas, no caso do discurso teórico, elas teriam um valor retórico. Já os discursos mistos apresentariam marcas tanto do discurso interativo quanto do teórico, isto é, caracterizar-se-iam tanto pela presença das unidades dêiticas como pela dos organizadores lógico-argumentativos, além de conservarem o mesmo subsistema temporal característico desses dois tipos de discurso. A narração, por sua vez, caracterizar-se-ia pela ausência de unidades dêiticas, pela presença de organizadores temporais que marcam a origem e o desenvolvimento do evento, independentemente do momento de produção, e por um subsistema temporal organizado em torno do par passado simples-imperfeito e de suas formas compostas, ou por um subsistema organizado em torno do presente histórico. Quanto ao relato interativo, caracterizar-se-ia por apresentar as mesmas unidades dêiticas do discurso interativo, mas apresentaria o par passado simples-imperfeito como tempos predominantes, assim como os organizadores temporais que marcam a origem e o desenvolvimento temporal dos fatos evocados.

Além da correspondência entre tipos de discurso e configurações de unidades lingüísticas exposta acima, Bronckart considera que existem relações de interdependência entre os tipos de discurso e as diferentes modalidades de planificação dos conteúdos mobilizados. Essa planificação pode se dar sob a forma de seqüências convencionais (seqüência descritiva, descritiva-injuntiva, argumentativa, explicativa e narrativa) ou sob a forma de segmentos não organizados convencionalmente (o plano expositivo puro e o *script*)[16]. Nos dois tipos de discurso do eixo do NARRAR (relato interativo e narração), a planificação do conteúdo poderia apresentar-se sob a forma de *script*, sob a forma de seqüência narrativa e de seqüência descritiva, mas sendo os *scripts* mais freqüentes nos relatos, e as seqüências narrativas e as descritivas nas narrações. Já no eixo do EXPOR, os segmentos de caráter dialogal (discurso interativo dialogal) seriam organizados basicamente sob a forma de seqüência dialogal. Já os segmentos de caráter monologal (discurso teórico, discurso interativo monologal e discurso misto), na maior parte dos casos, seriam organizados globalmente na forma de plano expositivo puro, com uma relativa raridade de seqüências convencionais, embora elas possam aí se inserir localmente. No discurso teórico, predominaria o plano expositivo puro, ao lado de seqüências descritivas; e no discurso interativo e no misto apareceriam as seqüências argumentativas, explicativas e descritivas-injuntivas. Em suma, teríamos assim o que Bronckart chama de *planificação intratipo*, isto é, uma forma de organização de cada tipo de discurso, em seqüências, convencionais ou não, o que pode ser resumido pelo quadro 2 (página seguinte).

Além disso, haveria uma relação estreita entre as formas de planificação intratipo ou, em outras palavras, entre as formas de organização em seqüências típicas de cada tipo de discurso e a planificação textual global. Assim, quando o texto é homogêneo, isto é, constituído por um único tipo de discurso, a planificação global do texto se confunde com as formas de planificação intratipo. Por exemplo, se um texto é constituído por um único

Quadro 2. Tipos de discurso e formas de organização correspondentes

Tipo de Discurso	Organização Predominante
interativo dialógico	seqüência dialogal
interativo monológico e misto monológico	plano expositivo puro inserção local de explicativas, argumentativas e descritivas
teórico	plano expositivo puro seqüências descritivas
relato interativo	*scripts* seqüências narrativas
narração	seqüências narrativas seqüências descritivas

segmento de discurso como a narração, a planificação global do texto será a mesma desse tipo de discurso, isto é, ele terá uma organização global sob a forma de seqüência narrativa, podendo incluir seqüências descritivas. Entretanto, quando o texto é heterogêneo, isto é, constituído por segmentos de diferentes tipos de discurso, esses segmentos são submetidos a uma *planificação intertipo*, ou planificação textual global.

Os procedimentos dessa planificação podem ser considerados como "generalizações de formas atestáveis no tipo de discurso *maior* de um dado gênero de texto" (Bronckart, 1994b, p. 61, grifo do autor)[17], isto é, como generalizações das formas de organização do tipo de discurso dominante, sob o qual os outros tipos se encaixam. Em suma, o plano geral do texto é fornecido pela forma de organização do tipo de discurso dominante, e os tipos de discurso menores apareceriam como simples expansões de partes desse plano global. Por exemplo, quando um texto apresentar como tipo dominante um discurso do eixo do EXPOR (ou interacional ou teórico monologais), ele será organizado globalmente, na maior parte dos casos, sob a forma de plano expositivo puro, uma vez que essa é a forma de organização típica desse tipo de discurso. Por outro lado, se o tipo de discurso dominante for da ordem do NARRAR (relato interativo ou narração), a organização global do texto será a da seqüência narrativa ou do *script*, uma vez que essas são as formas de organização típicas desses discursos.

2. A teoria da organização seqüencial

Conforme já foi dito, para a discussão mais geral dessa questão, a teoria central sobre a qual nos apoiamos é a desenvolvida por Adam & Petitjean (1989 ss.), com o conceito básico de *seqüência* ou *seqüencialidade*. De acordo com Bronckart, o argumento básico para se postular um conceito como este deriva do fato de que, estando os conhecimentos relativos a um determinado tema estocados na memória do produtor, sob a forma de macroestruturas dotadas de uma organização hierárquica e simultânea, no momento da sua integração a um texto, essas macroestruturas devem ser objeto de uma reestruturação lingüística, que se dá justamente sob a forma de seqüências convencionalizadas. Essa reorganização é considerada como um fenômeno discursivo, visto que ela se manifestaria como uma decisão do enunciador, motivada e orientada pela representação que ele tem do destinatário e do objetivo que busca alcançar, ou, em termos mais gerais, por suas representações dos parâmetros da situação de comunicação em que se encontra.

De acordo com a hipótese central de Adam, existe um número reduzido de tipos de agrupamentos de proposições, que são as chamadas *seqüências*, que são definidas como uma *estrutura* (grifo do autor), isto é, "uma rede relacional hierárquica: grandeza decomponível em partes relacionadas entre si e relacionadas ao todo que elas constituem; uma entidade relativamente autônoma, dotada de uma organização interna que lhe é própria e, portanto, em dependência do conjunto mais vasto do qual ela faz parte"[18] (Adam, 1992, p. 28).

Cada texto pode ser constituído por um número *n* de seqüências, que podem ser completas, apresentando todas as suas fases expressas, ou incompletas, com a elipse de uma ou de algumas de suas fases. Cada seqüência, por sua vez, é constituída por um conjunto de macroproposições, cada uma delas também constituída por uma ou mais proposições[19], chegando-se, assim, à seguinte fórmula geral:

{Texto [Seqüência(s) (Macroproposições (Proposições))]}

Teoricamente, cada texto efetivamente produzido pode ser composto por vários segmentos e pode apresentar homogeneidade ou heterogeneidade seqüencial. Quando há homogeneidade, podemos ter textos com uma só seqüência ou com um número *n* de seqüências do mesmo tipo. Nesse último caso, de acordo com o tipo de relação que as seqüências apresentarem entre si, elas poderão ser *coordenadas, justapostas* ou *encaixadas* umas nas outras. Uma seqüência é considerada como encaixada em outra quando ela exerce a função de uma proposição típica da seqüência encaixante ou principal. Por exemplo, quando toda uma seqüência argumentativa funciona como uma proposição da fase de dados ou de argumentos de uma outra seqüência argumentativa. Além desses tipos de relações, admite-se ainda, em relação a textos que apresentam seqüências narrativas, a possibilidade de um outro tipo de relação, a de *alternância*, quando ocorre o desenvolvimento paralelo de pelo menos duas intrigas distintas em seqüências alternadas.

Quando há heterogeneidade seqüencial em um texto, podem ocorrer dois tipos de combinação de seqüências, a inserção ou a dominação. No caso da *inserção* ocorre a inserção de uma seqüência de um certo tipo em outra de tipo diferente, aparecendo então uma relação entre *seqüência inseridora* e *seqüência inserida*. Nesse caso, elas são facilmente delimitáveis, uma vez que suas fronteiras são explicitamente estabelecidas por meio de marcadores. Um exemplo dessa combinação é o aparecimento de uma descrição num romance, o que se pode representar da seguinte forma:

[seqüência narrativa (seqüência descritiva)
    seqüência narrativa]

Já no caso da *dominação* haveria uma *seqüência dominante* e uma *seqüência dominada*, não sendo possível, nesse caso, uma delimitação clara entre as duas seqüências. Um exemplo desse tipo de relação é o que ocorre em seqüências narrativas marcadas por organizadores argumentativos, sendo, portanto, a seqüência narrativa a dominante, e a seqüência argumentativa a dominada, o que se pode representar da seguinte forma:

(seqüência narrativa > seqüência argumentativa)

Portanto, haveria tipos de relações diferentes entre as seqüências, de acordo com a homogeneidade ou com a heterogeneidade seqüencial. Entretanto, podemos facilmente considerar que, também no caso de textos heterogêneos, vamos encontrar seqüências coordenadas, justapostas ou encaixadas umas às outras. Por exemplo, podemos encontrar em um texto heterogêneo duas seqüências descritivas que sirvam de dados para uma seqüência argumentativa, caso em que as seqüências descritivas podem ser vistas não só como encaixadas na seqüência argumentativa, mas também como seqüências coordenadas entre si.

Quanto à possibilidade de os sujeitos produtores e leitores de uma determinada língua identificarem e produzirem informações em forma de seqüências, Adam considera que esquemas seqüenciais prototípicos seriam elaborados pelos sujeitos no curso de seu desenvolvimento cognitivo. Esses esquemas funcionariam tanto na compreensão como na produção de textos, permitindo o reconhecimento dos diferentes tipos de seqüências e o reagrupamento da informação. Assim, o conhecimento de tais esquemas seria o fator primordial para essa identificação, sendo ele mais ou menos reforçado pelas marcas lingüísticas presentes no texto[20]. Entre essas marcas, estariam determinados tipos de organizadores, assim como as mudanças de tempos verbais.

Bronckart, por sua vez, distingue três tipos de unidades lingüísticas cuja função específica é a de demarcação ou de *balisagem* das fases de uma seqüência que concorreriam para sua identificação:

a) um subconjunto de advérbios ou locuções adverbiais de caráter transfrástico (*depois, primeiramente, finalmente, hoje*, etc.), que ocorrem na maior parte dos casos no ponto de junção das frases;

b) um subconjunto de grupos preposicionais, que aparecem normalmente na mesma posição do grupo a, tais como: *depois de três dias, antes de partir*, etc.

c) determinadas conjunções coordenativas, como *mas, entretanto, portanto*, etc.

Um estudo mais detalhado dos diferentes tipos de seqüências em textos efetivamente realizados nos parece ser necessário para podermos determinar com mais precisão essas unidades. No momento, salientamos a necessidade de se incorporar a esse inventário determinadas conjunções subordinativas que claramente também apresentam essa função, como as conjunções causais típicas de certas fases das seqüências explicativas.

Em seus últimos trabalhos, Adam tem procurado efetuar uma caracterização das seqüências prototípicas, considerando que se pode admitir a existência de cinco seqüências básicas: as dialógicas, as narrativas, as argumentativas, as explicativas e as descritivas. Bronckart, por sua vez, admite a existência dessas cinco seqüências, mas postula ainda a existência de segmentos de textos que não se organizam sob a forma de seqüências convencionais, mas sob a forma dos chamados *scripts* ou de *planos expositivos puros*.

Vejamos como podemos caracterizar cada uma dessas seqüências, começando pela *seqüência dialógica*. Para bem compreendê-la, será necessário que distingamos primeiramente as questões do dialogismo e do diálogo interior da questão da seqüência propriamente dialógica. Por dialogismo, conceito desenvolvido sobretudo por Bakhtin, entendemos uma característica constitutiva de qualquer atividade enunciativa, presente, portanto, quer nas seqüências em que haja vários interlocutores, quer nas seqüências monológicas, já que "se pode compreender a palavra 'diálogo' num sentido amplo, isto é, não apenas como a comunicação em voz alta, de pessoas colocadas face a face, mas toda comunicação verbal, de qualquer tipo que seja" (Bakhtin, 1929, p.123). Já o diálogo ou monólogo interior seria um "diálogo interiorizado, formulado em 'linguagem interior'" (Benveniste, 1966, p. 85).

O que distinguiria o diálogo, em sentido restrito, tanto do dialogismo bakhtiniano como do monólogo interior seria o fato de que o discurso aqui é efetivamente construído conjuntamente, numa planificação poligerada, numa situação em que há a presença de pelo menos duas pessoas que falam cada uma a seu turno. Assim, numa situação como essa, ocorreriam as chamadas seqüências dialogais propriamente ditas, que se organizariam em três níveis. No primeiro nível, distinguem-se três fases:

a de abertura, *a transacional* e *a de fechamento*. No segundo nível, em cada uma dessas fases, podem-se distinguir unidades dialógicas ou turnos de fala, e, no terceiro nível, cada turno pode ser decomposto em uma série de enunciados que realizam um determinado ato de fala.

Algumas observações sobre essa seqüência nos parecem ser úteis para elucidar algumas das características dos textos produzidos por nossos alunos. Em primeiro lugar, embora seja facilmente constatável que a fase de abertura e a de fechamento são fortemente ritualizadas, mais estruturadas que a fase transacional, podemos encontrar "diálogos inteiros cujo único objetivo é o de prolongar a conversação"[21] (Jakobson, 1963, p. 217, *apud* Adam, 1992, p.155). Em segundo lugar, existiria uma semelhança entre as seqüências dialógicas e a correspondência. Embora com ausência física do interlocutor, as fórmulas de destinação e de saudações finais, características dessa última, corresponderiam às fases de abertura e de fechamento da seqüência dialógica, assim como o seu desenvolvimento corresponderia à fase transacional. A diferença entre uma verdadeira seqüência dialógica e a correspondência não estaria no caráter monológico da carta, mas no caráter monogerado. Entretanto, isso não impede que o enunciador introduza aí um dialogismo profundo, antecipando questões, imitando interrupções possíveis, criando, assim, "um simulacro de relação intersubjetiva"[22] (Adam, 1992, p. 155).

Em relação à *seqüência narrativa* (*SN*), Adam (1994) considera que seis condições seriam necessárias para que possamos dizer que nos encontramos diante de uma seqüência desse tipo, condições essas que implicariam a existência dos seguintes elementos:

a) pelo menos um ator antropomórfico;

b) pelo menos dois predicados, X e X', que definam o agente antes e depois do começo e do fim de um processo;

c) uma sucessão temporal mínima;

d) uma transformação dos predicados X e X' através de um processo;

e) uma lógica na qual o que vem depois aparece como sendo causado pelo que vem antes; isto é, uma causalidade ou uma consecução narrativa de uma colocação em intriga;

f) um final sob forma de avaliação final.

Consideradas essas condições, o protótipo da seqüência narrativa seria constituído por cinco fases ou macroproposições básicas: Situação Inicial, Complicação, (Re)Ações ou Avaliação, Resolução e Situação Final[23]. A essas cinco macroproposições podem ser acrescentadas outras três, a saber: a Entrada-Prefácio ou Resumo, através da qual o enunciador anuncia o que se seguirá, revelando o assunto, seu interesse e seu objetivo, e a Moral, na qual se explicita a significação global que o leitor deve atribuir a ela, ou ainda a Queda, que assinalaria o fim do turno e se destinaria a recolocar os interlocutores no ponto em que se encontravam antes de entrar na narração, a reintroduzi-los no presente da situação de enunciação. Dessa forma, o protótipo da seqüência narrativa pode ser assim representado:

Quadro 3. Esquema do protótipo da seqüência narrativa

```
                              SN
    ┌──────┬──────────┬────────┬─────────┬────────┬──────┐
 Prefácio Situação Complicação Re(Ações) Resolução Situação Moral
   ou     Inicial               ou                 Final    ou
 Resumo                      Avaliação                     Queda
```

Embora Adam só se refira explicitamente à Entrada-Prefácio e à Queda em relação à seqüência narrativa, consideramos que elas podem estar presentes em outros tipos de seqüências, mais ou menos com as mesmas funções, como veremos na análise de nossos dados.

Complementando a caracterização da seqüência narrativa, Bronckart assinala que, de um ponto de vista discursivo, essa seqüência teria como característica maior a criação de uma tensão e de sua resolução posterior. O suspense que assim se produz contribuiria para a manutenção da atenção do destinatário, facilitando a criação do efeito que o enunciador deseja produzir.

Para a *seqüência argumentativa (SA)*, a caracterização proposta por Adam está próxima às concepções de Toulmin (1958), admitindo-se que ela é constituída pelas seguintes fases:

– *Fase da Tese Anterior* – na qual uma tese anteriormente admitida é colocada;
– *Fase dos Dados* – em que se colocam as constatações de partida da argumentação;
– *Fase dos Argumentos* – na qual se colocam os elementos que orientam para a conclusão;

– *Fase da Refutação* – na qual os contra-argumentos possíveis operam uma restrição sobre a orientação argumentativa;
– *Fase de Conclusão ou de Nova Tese* – na qual se coloca a tese proposta pelo autor.

Dessa forma, o esquema prototípico da seqüência argumentativa seria o seguinte:

Quadro 4. Esquema do protótipo da seqüência argumentativa

```
                    ─── SA ───
         ╱    ╱    ╱       │              ╲
Tese   Dados Argumentos   então provavelmente   Conclusão
Anterior                    ↗                   (Nova Tese)
                      a não ser que
                        Refutação
```

Observe-se ainda que não se pode confundir o fato de que todos os textos em geral comportam uma certa orientação argumentativa com o fato de que haja uma seqüência argumentativa tal como proposta acima. Na verdade, por exemplo, podemos encontrar textos organizados em seqüência descritiva, e não em seqüência argumentativa, mas que, ao mesmo tempo, se caracterizam por uma orientação argumentativa que o leitor deve depreender.

Complementando essa caracterização da seqüência argumentativa, Bronckart observa que, do ponto de vista discursivo, a escolha da seqüência argumentativa evidencia que o agente-produtor julga que um aspecto do tema corre o risco de ser contestado pelo destinatário. Dessa forma, essa escolha estaria relacionada às representações que o agente-produtor tem sobre os conhecimentos, as atitudes e os sentimentos do destinatário.

Para caracterizar a *seqüência explicativa* (*SE*), Adam (1992) parte das posições defendidas por Grize, considerando a explicação como um ato de discurso que, ao mesmo tempo, pressupõe e estabelece um contrato cujas condições pragmáticas podem ser assim resumidas:

– O fenômeno a explicar é inconstestável: é uma constatação ou um fato.
– O que está em questão é incompleto.
– Aquele que explica está em condição de fazê-lo.

Para Grize, a estrutura de uma seqüência explicativa seria a seguinte: "um primeiro operador (POR QUE) faz passar de uma esquematização S-i, que apresenta um objeto complexo (O-i), a uma esquematização S-q, que apresenta problema (objeto problemático O-q), depois um segundo operador (PORQUE) permite passar de S-q a uma esquematização explicativa S-e (O-e)"[24] (Grize, *apud* Adam, 1992, p. 132). Dessa forma, a seqüência explicativa de base se desenvolveria em quatro macroproposições, que seriam as seguintes:

– *Asserção* ou *Esquematização Inicial*, na qual um objeto, uma situação, um acontecimento, é colocado na sua complexidade;
– *Problematização*, na qual é explicitada uma questão da ordem do porquê;
– *Resolução* ou *Explicação* propriamente dita;
– *Conclusão – Avaliação*.

Esquematizando, temos:

Quadro 5. Esquema do protótipo da seqüência explicativa

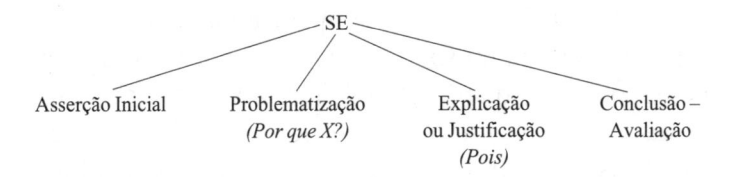

```
                    ┌──── SE ────┐
        ┌───────┬───────┴───┬────────┐
Asserção Inicial  Problematização  Explicação    Conclusão –
                  (Por que X?)     ou Justificação  Avaliação
                                   (Pois)
```

Observe-se ainda que grande parte dos textos explicativos apresenta um caráter elíptico, com a macroproposição da conclusão ou com os operadores (POR QUE) e (PORQUE) omitidos. Cabe ressaltar ainda que se pode considerar a justificação como uma forma particular de explicação, definida como uma resposta à questão "por que afirmar isso?", enquanto a explicação propriamente dita responderia a questões do tipo "por que ser/tornar-se ou fazer isso?". Assim, na análise de nossos dados, os segmentos de textos que se apresentarem como justificações de um dizer anterior, aos quais se relacionam por meio de organizadores do tipo de *porque*, ou *pois*, explícitos ou implícitos, serão considerados como seqüências explicativas.

Finalizando a descrição da seqüência explicativa, lembramos que, para Bronckart, a escolha dessa seqüência, tal como a da seqüência argumentativa, está relacionada também às representações do enunciador sobre os conhecimentos do destinatário, pois ele a escolheria ao considerar que um aspecto do tema é problemático ou difícil de compreender.

O último tipo de seqüência que examinaremos será o da *seqüência descritiva*, o que será feito com maiores detalhes, tendo em vista a sua relevância para a análise dos diários produzidos por nossos alunos. De acordo com Adam e Petitjean (1989), essa seqüência pode ser definida como um tipo de seqüência regida por diferentes operações. Através da operação de *ancoragem*, seja no início ou no final, assinala-se, por meio de um nome, o que ou quem está em questão, estabelecendo-se, assim, o *tema-título* da seqüência. Através da operação de *aspectualização*, os diferentes aspectos do objeto, suas partes e suas qualidades-propriedades são introduzidas no discurso. Através da *colocação em relação*, efetuam-se *assimilações* ou a *colocação em situação* do objeto. Através da assimilação, são estabelecidas relações entre aspectos de dois objetos, ou por meio de comparações, ou por meio de metáforas; e, através da colocação em situação, o objeto é situado espacialmente e/ou temporalmente. Finalmente, através da *reformulação*, retoma-se o tema-título, efetuando-se uma modificação desse tema. Portanto, o esquema geral do protótipo da seqüência descritiva pode ser o seguinte:

Quadro 6. Esquema do protótipo da seqüência descritiva

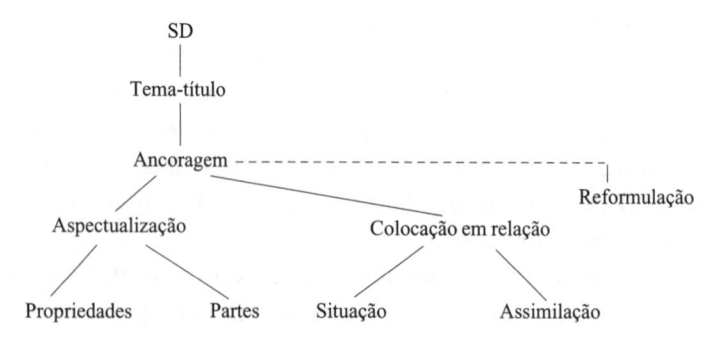

```
              SD
              |
          Tema-título
              |
          Ancoragem - - - - - - - - - - - - - - - - - - - - - -
           /           \                                      |
                                                         Reformulação
    Aspectualização      Colocação em relação
      /      \              /         \
Propriedades  Partes    Situação    Assimilação
```

Do ponto de vista teórico, os elementos de nível inferior podem sofrer tematizações em número infinito, às quais se seguem sucessivamente as demais operações, mas, de um ponto de vista pragmático, o número dessas tematizações está sujeito a um limite.

Outro aspecto a se considerar em relação a essa seqüência é que, em algumas descrições, podem aparecer modalizações que fazem o ato de descrever perder sua autoridade assertiva. Portanto, pode-se acrescentar ao esquema proposto uma categoria facultativa, a *Avaliação*, passível de ocorrer em qualquer lugar da seqüência. Tal categoria seria típica de descrições "expressivas" ou "subjetivas", que se apresentam como depositárias de um ponto de vista do locutor ou de um personagem, que se manifesta através de diferentes marcas de subjetividade. Tais descrições seriam próprias de romances na primeira pessoa, de autobiografias, de romances-correspondência e de outros gêneros semelhantes.

Finalizando a descrição mais geral da seqüência descritiva, lembramos que, para Bronckart, do ponto de vista discursivo, a escolha dessa seqüência estaria ligada ao objetivo de "*fazer ver* no detalhe os elementos do objeto de discurso" e ao de "*guiar o olhar* do destinatário"[25] (1994b, p. 34), através de determinados procedimentos que são determinados pelo objetivo que o produtor busca alcançar.

Embora seja fácil identificar seqüências descritivas prototípicas, há alguns casos em que essa questão se torna mais complexa. Um desses casos é a distinção que alguns autores, entre eles Bronckart, estabelecem entre essa seqüência e o plano expositivo puro. Para discutirmos essa questão, examinemos, em primeiro lugar, quais são as operações consideradas como necessárias e suficientes para que se possa dizer que estamos diante de uma seqüência desse tipo.

Conforme já observamos anteriormente, os autores admitem que, em todos os tipos de seqüências, há possibilidade de elipse de uma ou de várias das macroproposições do esquema prototípico correspondente. Entretanto, as seqüências argumentativas, explicativas e narrativas se caracterizariam por algumas macroproposições indispensáveis, quer seja de forma explícita, quer seja de forma implícita, mas facilmente inferíveis. Por exemplo, na seqüência argumentativa, podemos ter a omissão até mesmo da tese, quando ela decorre naturalmente dos dados colocados. No caso da seqüência descritiva, entretanto, a questão parece ser mais complexa, uma vez que não há possibilidade de se inferir, na maior parte dos casos, algumas de suas macroproposições quando essas não estão expressas. Portanto, coloca-se aqui, com maior destaque, a questão de se definir quais delas são indispensáveis e quais não o são.

Adam confirma-nos esse problema, ao salientar que, em relação ao número de proposições necessárias para que se possa afirmar que estamos diante de uma descrição, há uma variação imensa, que vai desde um limite inferior representado por uma simples proposição até o limite superior representado por uma seqüência descritiva exaustivamente completa.

A complexidade da questão pode ser ainda visualizada em definições como a de Littré, que nos permite considerar a descrição como "um tipo de exposição dos diversos aspectos através dos quais se pode considerar uma coisa e que a faz ser conhecida pelo menos em parte" (*apud* Adam, 1992, p. 89)[26]. Ora, se assumirmos uma tal posição, podemos considerar que uma simples enumeração das partes de um todo se constitui como "o grau zero" da descrição, tal como o faz Adam. Dessa forma, estaríamos admitindo a existência de seqüências descritivas nas quais só a operação de ancoragem e uma parte da de aspectualização estão presentes. Adam, entretanto, amplia a definição anterior, considerando que, além da enumeração das partes, é necessário levar-se em consideração as propriedades do todo e mesmo das partes. Assim, podemos concluir que o autor toma as operações de ancoragem e de aspectualização como as essenciais, em termos do protótipo descritivo, e as operações de colocação em relação e de reformulação como facultativas. Entretanto, os textos que o próprio Adam apresenta para exemplificar as diferentes operações parecem desdizer essa posição. Assim, no exemplo abaixo:

A PULGA

Um grão de tabaco saltitante[27].

(Jules Renard, *Histoires naturelles*, *apud* Adam, 1992, p. 83),

temos apenas as operações de ancoragem e de colocação em relação, faltando, portanto, a aspectualização, mas que mesmo assim é considerado como uma *descrição-definição*.

Outros exemplos dados pelo mesmo autor ainda parecem sugerir que também se pode considerar como seqüência descritiva um segmento de texto que se construa apenas com a operação de reformulação, tal como no exemplo abaixo:

> A mendicância é um fogo devorador que estigmatiza tudo que toca, que exerce sua fúria tanto sobre o bom grão como sobre a palha, tanto sobre o profano como sobre o sagrado (...) A mendicância é um orgulho secreto que nos descobre a palha no olho de nosso irmão...[28] (Massillon, apud Adam, 1992, p. 87).

Mesmo quanto à questão da necessidade da operação de ancoragem, à qual se atribui uma importância especial, sendo ela considerada como indispensável à seqüência descritiva, podemos assumir uma posição contrária a essa, na medida em que é possível encontrar seqüências descritivas que omitem até mesmo essa fase. Um exemplo típico é fornecido por Maingueneau (1993, pp. 180-181), ao analisar o seguinte trecho de Kafka:

> Duas crianças estavam sentadas sobre o muro do cais e jogavam dados. Um homem lia seu jornal sobre os degraus de um monumento, à sombra do herói que brandia seu sabre. Uma menina na fonte enchia de água o seu balde...[29]

Conforme podemos observar, nesse exemplo são enumerados diferentes aspectos de uma cena urbana e, embora o texto não apresente nem progressão temática evidente nem tema-título explícito, o leitor lhe atribui coerência, interpretando o trecho como a descrição de um mesmo lugar, mesmo havendo, de forma explícita, apenas a operação de aspectualização, com a fase de ancoragem aparecendo implicitamente.

Dessa forma, os exemplos acima mencionados indicam que é difícil apontar as fases que devem ser obrigatoriamente explícitas para se definir uma seqüência como descritiva. Caso considerássemos que há algum tipo de obrigatoriedade, esses exemplos deveriam ser considerados como sendo organizados em outro tipo de seqüência, o que não nos parece ser econômico para a teoria. Por outro lado, eles também nos mostram que um estudo mais detalhado das seqüências descritivas deve levar a uma distinção mais precisa de seus diferentes subtipos, sendo um dos critérios possíveis dessa diferenciação o tipo de operação efetivamente realizada. Não havendo ainda à nossa disposição um estudo como esse, para efeito de nossa análise, consideraremos que os segmentos de textos que apresentarem uma ou outra das operações da seqüência descritiva, tais como a reformulação, a colocação em relação, ou ainda apenas uma parte da aspectualização, são *fragmentos de seqüências descritivas* (*FSD*), dado que não apresentam a totalidade das operações e que essas não podem ser inferíveis a partir do que é expresso, ao contrário das fases elípticas das demais seqüências.

Continuando na mesma linha de raciocínio, podemos também dizer que segmentos que têm sido habitualmente considerados como "dissertativos", e que correspondem aproximadamente ao que Bronckart denomina de *plano expositivo puro*, como a definição, a análise estrutural ou a funcional, poderiam também ser considerados como seqüências descritivas, uma vez que eles são construídos por meio das operações típicas desse tipo de seqüência. Na definição, por exemplo, temos basicamente a operação de reformulação; na análise estrutural, um certo tipo de aspectualização; na análise funcional, a aspectualização, com as propriedades funcionais de cada parte e do todo; na análise causal, a decomposição das partes de um processo, vistas na sua relação de causalidade.

Uma objeção que se pode colocar contra essa posição é a de que, nesses segmentos, o objeto que se constrói através do discurso não é um objeto particular, tal como ocorre na descrição propriamente dita. Assim, por exemplo, enquanto numa descrição podemos construir a imagem de um objeto específico, *a casa de X*, por exemplo, numa definição, o que será construído é o conceito geral, abstrato, do objeto *casa*. Entretanto, essa distinção entre a seqüência descritiva e esses diversos tipos de segmentos parece derivar da utilização de critérios temáticos, e não de critérios relacionados a procedimentos de organização colocados em jogo. O fato de o objeto do discurso aqui construído não ser da ordem do concreto nem do particular não nos parece ser critério suficiente para se postular uma distinção em termos de organização estrutural, argumentando-se a favor de um outro tipo de seqüência.

Outro argumento favorável a nossa posição pode ser encontrado no trabalho desenvolvido por Lakoff & Johnson (1980), no qual os autores nos mostram como os conceitos abstratos são construídos a partir de conceitos concretos, sob a forma de metáforas, e como essa construção se reflete na linguagem, tanto no nível lexical como no sintático. Entre os inúmeros exemplos dados, destacam-se as expressões utilizadas para nos referirmos a objetos submetidos ao processo de compreensão, similares ou idênticas às que utilizamos para objetos percebidos pela visão, como em "entendimento *claro*", "significado *obscuro*", o que nos mostra que compreendemos e tratamos essas noções como "objetos mentais". Assim, da mesma forma que no nível lexical e sintático, é possível que tenhamos também essa similaridade em níveis de organização mais altos, como no caso da organização seqüencial.

Outro argumento contrário à nossa posição de considerar certos segmentos de plano expositivo puro como fragmentos de seqüências descritivas seria a constatação de que as unidades lingüísticas que aparecem nesses segmentos são diferentes das que aparecem nas seqüências descritivas propriamente ditas, refletindo a generalização e a abstração que as caracterizam. Assim, por exemplo, nesses segmentos predominaria o presente genérico, atemporal, enquanto a descrição propriamente dita se caracterizaria pelo caráter de temporalidade, quer seja com a utilização do presente, quer seja com a utilização do passado. Entretanto, Bronckart sugere que, se do ponto de vista da planificação interna a seqüência descritiva pode ser considerada como uma entidade única, sob o ponto de vista do valor discursivo das unidades lingüísticas que ela apresenta poder-se-iam distinguir entidades diferentes, ou melhor, outros tipos de seqüências descritivas. Essa sugestão parece conjugar-se com a possibilidade que acima levantamos, a de que consideremos certos segmentos "dissertativos" ou de "plano expositivo puro" como subtipos da seqüência descritiva.

Outro argumento contrário à nossa posição seria a afirmação do mesmo autor, já mencionada anteriormente, de que, sob um ponto de vista discursivo, as seqüências descritivas propriamente ditas teriam por objetivos *fazer ver* no *detalhe* elementos do objeto do discurso e *guiar o olhar* do destinatário através de procedimentos espaciais, temporais ou hierárquicos determinados pelo objetivo do enunciador. O problema que se coloca aqui é, na verdade, o da distinção entre os objetivos de *fazer ver* e *fazer compreender*. Se aceitamos que há uma relação estreita entre esses dois processos, torna-se difícil estabelecer uma distinção nítida entre diferentes segmentos, em termos da organização seqüencial, a partir da distinção entre esses dois objetivos. Assim, pelos argumentos expostos, tomamos para esse trabalho a mesma posição defendida por Brassart (*apud* Adam, 1992) de não reter o expositivo como tipo textual ou seqüencial, considerando-os ou como descrições ou como explicações, conforme o caso.

Outra questão sobre a qual indicamos a necessidade de se discutir mais demoradamente diz respeito às descrições que se fazem através de predicados funcionais, as chamadas *descrições de ações*. Dentre elas, podemos distinguir vários tipos, mas interessa-nos, de forma particular, a *descrição de ação* propriamente dita, que, segundo Adam & Petitjean (1989), poderia apresentar as variações expressas no quadro abaixo:

Quadro 7. Tipos de descrições de ações

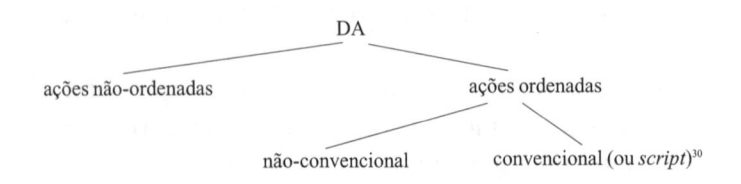

```
                    DA
         ┌──────────┴──────────┐
  ações não-ordenadas      ações ordenadas
                         ┌───────┴────────┐
                   não-convencional   convencional (ou script)[30]
```

A organização desse tipo de seqüência descritiva pode ser representada através do seguinte esquema:

Quadro 8. Esquema da seqüência descritiva de ação

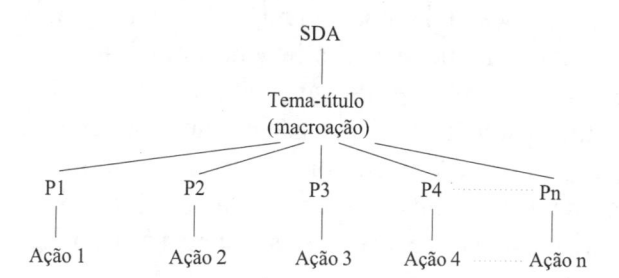

```
                    SDA
                     |
                 Tema-título
                 (macroação)
        ┌────────┬────┴────┬────────┐
       P1       P2        P3       P4 ········ Pn
        |        |         |        |           |
      Ação 1  Ação 2    Ação 3   Ação 4 ····· Ação n
```

Em relação a essas seqüências, Bronckart assume uma posição diferente da de Adam, sustentando a tese de que os *scripts* não poderiam ser relacionados a seqüências convencionais ou propriamente lingüísticas. O argumento que o autor utiliza é o de que os *scripts* constituem-se como uma organização do conteúdo referencial, de acordo com a ordem cronológica efetiva dos acontecimentos ou dos estados evocados, ou de acordo com uma ordem diretamente cognitiva, traduzindo muito diretamente essa organização cognitiva. Para o autor, portanto, esses segmentos não se construiriam como o produto de uma reestruturação lingüística de um conteúdo temático, levando-se em conta os parâmetros da situação, tal como acontece com as seqüências propriamente ditas.

Se essa posição pode ser defendida em relação aos *scripts* considerados em sentido estrito, o mesmo pode não ser verdadeiro quando nos encontramos diante de descrições de ações que não traduzem episódios sociais convencionalizados e nas quais um certo nível de reestruturação pode depender dos parâmetros da situação de comunicação. Por exemplo, pode-se pensar que a descrição de uma ação tal como "a leitura do texto X" não se faz da mesma maneira ao ser dirigida a um destinatário que mantenha relações de igualdade com o enunciador ou a um destinatário em posição de superioridade.

O próprio Bronckart, conforme vimos anteriormente, ao comentar o caráter discursivo da seqüência descritiva, afirma que a escolha dessa seqüência procede de decisões discursivas do enunciador, tais como a decisão de fazer ver *em detalhe* os elementos do objeto do discurso e a *de guiar o olhar do destinatário*. Ora, podemos facilmente admitir que decisões semelhantes estejam presentes nas descrições de ação em geral, nas quais se busca fazer ver as ações desenvolvidas para se realizar uma macroação.

Além disso, o autor considera que o objetivo que guia a seqüência descritiva é freqüentemente indireto, no sentido de que as descrições normalmente se encontram articuladas a outras seqüências e, portanto, a seus objetivos. Assim, por exemplo, o objetivo de uma descrição em uma seqüência narrativa estaria relacionado ao objetivo narrativo. Embora tenhamos ainda certas reservas a respeito dessa posição, uma vez que não a consideramos como absoluta, se a tomamos como verdadeira, o raciocínio feito anteriormente também pode ser válido aqui, pois o objetivo das descrições de ação em geral também pode ser visto como condicionado ao objetivo maior da seqüência na qual se inserem.

A objeção feita à posição de Bronckart em relação aos *scripts* não significa, entretanto, que não admitamos a existência de variação quanto à maior ou menor proximidade do cognitivo em diferentes produções verbais, variação essa que pode nos ser útil para chegarmos a algumas conclusões em relação a nossos dados de pesquisa. Por exemplo, admitimos que tanto as seqüências de descrição de ação (*SDA*) quanto os fragmentos de seqüências descritivas (*FSD*) encontram-se mais próximos do cognitivo que outros tipos de seqüência ou de seqüências descritivas que apresentam todas as operações descritivas de forma explícita e cuja organização não depende das características do objeto que é descrito.

Para trabalhar essa questão, a da maior ou menor proximidade do cognitivo que os diferentes segmentos de texto apresentam, ser-nos-ia interessante estabelecer um paralelo com os estudos já realizados sobre o chamado monólogo interior, na medida em que essa forma se pretende como representativa do fluxo de consciência do sujeito. Como Maingueneau (1993) afirma, ao utilizar essa forma, o agente-produtor se dá o direito de violar certas restrições usuais. Entre essas violações, o autor destaca a violação da sintaxe, com o uso de frases nominais, rupturas sintáticas, truncamentos, ausência de conectivos (estilo telegráfico), ao lado de variações temáticas súbitas, sem transição, sem estabelecimento de relações lógicas explícitas, com asserções contraditórias e marcas de incerteza. Do mesmo modo, conforme já assinalamos em capítulo anterior, Vigotski (1934) aponta características semelhantes para o que ele chama de discurso interior. Com base nessas afirmações e estendendo-as, poderíamos dizer que, no plano das seqüências, a proximidade maior do cognitivo se marcaria exatamente pela violação de certas restrições referentes à sua organização convencional e, sobretudo, pelo seu caráter fragmentário.

Em decorrência do que foi levantado, na análise de nossos dados, consideraremos que, quando estivermos diante de uma enumeração de proposições constituídas por predicados funcionais, tal segmento será considerado, de forma geral, como *seqüência de descrição de ação* (*SDA*).

Encerrando este capítulo, discutiremos a questão da possibilidade de se considerar resumos, comentários ou críticas de textos como organizados basicamente em seqüências descritivas, questão essa que é importante para a análise dos textos produzidos por nossos alunos.

Em primeiro lugar, é fácil constatar que há um emprego informal da expressão *descrição de texto*, com a sugestão, já aí, de que estamos diante de uma ou mais seqüências descritivas. Assim, manuais de ensino de interpretação de textos empregam-na comumente, o mesmo acontecendo nas instruções que os professores dão aos alunos, tal como na orientação inicial dada aos alunos envolvidos nessa pesquisa para a elaboração de seus diários de leitura ("descreva o que o texto traz de importante").

A argumentação mais consistente que desenvolvemos para defender a tese de que esse tipo de texto é constituído basicamente por seqüência(s) descritiva(s) baseia-se no estabelecimento de relações de comparação entre dois conjuntos de dados: a análise proposta por Beacco & Darot (1984) para resumos ou comentários críticos de filmes e de textos científicos e a noção de seqüência descritiva proposta por Adam (1992). Ao analisar resumos e críticas cinematográficas, os autores distinguem entre três tipos de operações discursivas aí realizadas pelo enunciador: *descrever, apreciar* e *interpretar*, cujas ocorrências podem guiar a diferenciação entre tipos diferentes de textos.

A descrição do filme diz respeito ao assunto, ao conteúdo, podendo ela conservar ou reorganizar a sua estrutura. Como características lingüísticas, observa-se que há o predomínio da asserção, de marcas da terceira pessoa, sem que haja implicação dos parâmetros da situação de comunicação, e, portanto, sem marcas do sujeito enunciador ou do destinatário e sem a utilização de tempos verbais relacionados ao momento da enunciação. Relacionando o que dizem Beacco & Darot em relação à operação de descrever, à questão das seqüências e dos resumos de textos, podemos dizer que, nos últimos, encontramos o mesmo tipo de conteúdo – o assunto – e as mesmas marcas lingüísticas, caracterizando-se, assim, também aqui, uma operação de descrever.

Quanto à organização seqüencial, nos resumos de textos, o que encontramos é uma seqüência descritiva, como a de qualquer outro objeto, caracterizada pelas operações já discutidas. Através da operação de ancoragem, coloca-se o tema-título, isto é, o título do texto em questão. Através da operação de aspectualização explicitam-se as diferentes partes do conteúdo e/ou da forma textual, que poderão, por sua vez, ser tematizadas. Como organizadores textuais típicos, apareceriam os temporais ou espaciais do tipo de *primeiro, depois, no parágrafo X, no capítulo X*, etc.

A segunda operação descrita por Beacco & Darot é a *apreciação*, considerada como o julgamento pessoal que se efetua sobre um determinado objeto, levando-se em conta um sistema de valores hierarquizados. Essa operação pode aparecer, ou concomitantemente aos elementos descritivos, ou após esses elementos, podendo ser ela facilmente isolável ou não da descrição propriamente dita. Do ponto de vista das unidades lingüísticas que a caracterizam, essa operação se distinguiria da descrição, fundamentalmente, por comportar marcas do sujeito enunciador, o que permite diferenciá-la pela possibilidade do acréscimo de expressões do tipo "eu acho". Além dessas marcas, a realização da apreciação se caracterizaria ainda por apresentar elementos como os seguintes:

– unidades lexicais dotadas de conotações pejorativas ou valorativas;
– unidades de quantificação ou de comparação a outros objetos;
– verbos relativamente sinônimos que remetem ao campo das atitudes psicológicas ou de reações emocionais.

Nos informativos mais curtos, a avaliação poderia aparecer sem qualquer tipo de justificação, enquanto nos textos críticos a justificativa estaria sempre presente, estabelecendo-se, assim, uma relação entre os dados e o julgamento.

Ainda em referência aos textos críticos, os autores observam que seu desenvolvimento discursivo se articula por um efeito de acumulação: um mesmo julgamento de valor vai recebendo diversas formulações mais ou menos parafrásticas e em relação paratática, ou então avaliações relativas a objetos diferentes vão sendo encadeadas umas às outras, conduzindo a um julgamento global.

Da mesma forma que o fizemos em relação à operação de descrição proposta por Beacco & Darot para resumos de filmes, admitimos que a operação de apreciação também pode ser encontrada em resumos de textos e que podemos estabelecer um paralelo entre essa operação e as operações da seqüência descritiva. Em primeiro lugar, podemos assinalar que alguns dos procedimentos que os autores enumeram em relação à avaliação, tais como a quantificação ou a comparação a outros objetos, correspondem exatamente à operação de colocação em relação, mais especificamente à de assimilação.

Outro procedimento apontado, a utilização de elementos lexicais dotados de conotações positivas ou negativas, corresponde ao processo de atribuição de propriedades através da aspectualização, enquanto as avaliações relativas a objetos diferentes correspondem ao processo de tematização de uma das partes do todo e de sua aspectualização. Quanto à característica que os autores consideram como própria da apreciação, a de ela poder comportar expressões como "eu acho", ela corresponde exatamente à operação de avaliação própria da seqüência descritiva. Finalmente, em relação à possibilidade de aparecer uma justificação da apreciação, podemos propor que, em termos da organização seqüencial, trata-se aí da inserção de uma seqüência explicativa justificativa, que também pode ocorrer, opcionalmente, numa seqüência descritiva de outro objeto qualquer, sobretudo em descrições mais subjetivas.

A terceira operação apontada pelos autores, a *interpretação*, é considerada como a operação que teria por função explicar, comentar a significação do filme, tentando-se explicitar as intenções do diretor, a lógica do enredo, a coerência dos personagens. Ela seria basicamente constituída por elementos descritivos que se deixam ler ou que se colocam como procedendo de uma atividade interpretativa. Quanto à realização lingüística, a interpretação caracterizar-se-ia por poder ser marcada diretamente por verbos ou por nominalizações do tipo de "interpretar" ou "interpretação", ou por poder apresentar-se indiretamente. Neste caso, o enunciador pode utilizar diferentes estratégias, tais como:

– atribuir ao diretor do filme determinadas intenções que, na verdade, são o resultado de sua interpretação;
– mostrar a interpretação em curso, pelo emprego de perguntas (retóricas ou não) que colocam em evidência a construção da interpretação;
– utilizar modalidades que marcam a incerteza possível sobre a significação produzida pela atividade do sujeito cognitivo.

Quanto à ordem em que a chamada interpretação aparece no texto, ela pode apresentar maior ou menor grau de imbricação na descrição propriamente dita, podendo, portanto, ser facilmente delimitável ou não, e podendo aparecer concomitantemente ou após a descrição. Essa relação estreita entre a interpretação e a descrição nos leva a crer que, embora elas possam ser distinguidas em termos das operações desenvolvidas pelo enunciador, em termos de organização seqüencial elas se confundem, podendo a interpretação ser vista como uma forma de descrição do conteúdo e/ou da forma.

Confirmando essa nossa conclusão, verificamos que Beacco & Darot observam que, em resumos de artigos científicos, de forma semelhante à primeira estratégia de realização da interpretação apontada acima, o autor do texto aparece como que envolvido em diferentes atividades intelectuais, tais como:

– operações cognitivas de modo global (*examina*) ou específico (*classifica*);
– operações retóricas ou metalingüísticas (*afirma, diz*);
– considerações práticas ou pragmáticas (*propõe, sugere*).

As diferentes expressões que assinalam essas atividades intelectuais seriam uma forma de se apresentar as diferentes partes do conteúdo do texto que é objeto do resumo ou da crítica.

Assim, visto que em segmentos desse tipo, nos resumos, temos predicados funcionais que descrevem as ações atribuídas ao autor, consideramos que temos aí uma seqüência descritiva de ação encaixada que desenvolve a operação de aspectualização, através da qual se explicitam as partes do conteúdo do objeto em questão. Dessa forma, de acordo com todos os argumentos que levantamos, propomos que os textos que se constituem como resumos, comentários ou críticas de outros textos sejam considerados como basicamente organizados em seqüência(s) descritiva(s). Como esquema básico, teríamos o mesmo esquema do protótipo da seqüência descritiva proposto por Adam, acrescentando-se uma subdivisão na operação de aspectualização, com o objetivo de distinguir as proposições que se referem ao conteúdo do texto das proposições que se referem à forma.

Propomos, portanto, que tais seqüências sejam consideradas como um subtipo da seqüência descritiva, que apresentariam não só uma diferenciação quanto à estrutura geral, mas também quanto aos objetivos discursivos, uma vez que, ao contrário de grande parte de outros subtipos de seqüências descritivas, elas podem aparecer, freqüentemente, de forma autônoma, com objetivo próprio. Resumindo nossa proposta, o que chamaremos daqui para frente de *seqüência descritiva de texto* (*SDT*) pode ser representado esquematicamente, da seguinte forma:

Quadro 9. Esquema do protótipo da seqüência descritiva de texto

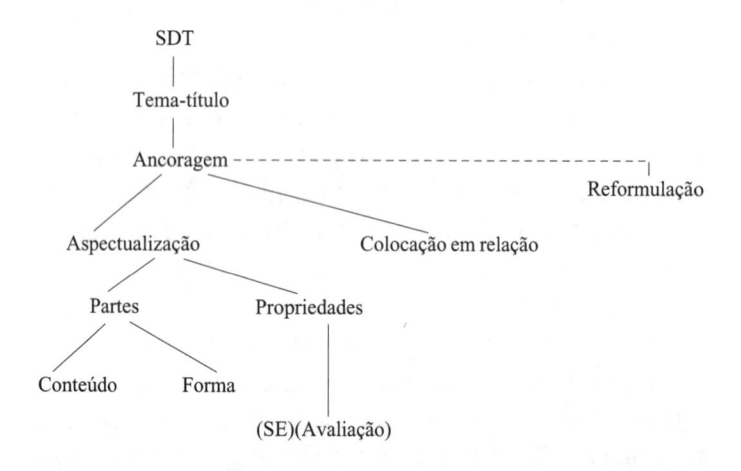

```
           SDT
            |
        Tema-título
            |
        Ancoragem - - - - - - - - - - - - - - - - - - - - - - - - - - - - - -,
           / \                                                      Reformulação
          /   \
   Aspectualização              Colocação em relação
       / \
      /   \
   Partes   Propriedades
    / \         |
   /   \        |
Conteúdo Forma  |
              (SE)(Avaliação)
```

Observação: a colocação no esquema de (SE)(Avaliação) indica que essas categorias poderão estar presentes ou não em um texto dado. Além disso, como em qualquer outro tipo de seqüência, uma ou outra das fases poderá estar ausente.

Finalizando este capítulo, queremos chamar a atenção para um dos benefícios que a adoção de um quadro teórico como o que foi aqui apresentado pode trazer para o ensino de produção. Permitindo uma distinção clara entre noções como as de *gênero*, *texto*, *discurso* e *seqüência*, esse quadro nos parece fornecer instrumentos adequados para esse ensino, uma vez que evita as confusões prejudiciais normalmente existentes em relação a essas noções, permitindo uma melhor adequação e gradação no currículo escolar. Por exemplo, se o ensino de diferentes gêneros textuais nos parece ser absolutamente fundamental em todos os níveis de ensino da língua escrita e oral, torna-se necessário estudar a composição interna, normalmente heterogênea desses gêneros, o que vai muito além do mero enfoque sobre a descrição, a narração e a argumentação, que, na verdade, não seriam gêneros, mas tipos de seqüências, que podem aparecer em diferentes gêneros. Da mesma forma, a opção por um ensino que se centre nos gêneros deveria levar em conta as distinções entre discursos implicados e autônomos, que parecem subjacentes às distinções entre gêneros primários e secundários.

Capítulo 4   **Questões metodológicas**

Neste capítulo, será descrita a metodologia do trabalho, fornecendo-se informações sobre os sujeitos que dela participaram, sobre os instrumentos de coleta de dados e sobre os procedimentos metodológicos que desenvolvemos para cada análise.

Os textos da pesquisa foram produzidos por vinte e dois estudantes universitários, que eram meus alunos, numa situação de comunicação em que não havia interlocutor presente, constituindo-se a própria professora-pesquisadora como o destinatário real da produção. A maioria dos alunos pertencia à classe média ou classe alta, muitos deles tendo feito seus estudos anteriores em colégios particulares, com acesso a variadas fontes de informação, e com uma idade média entre dezessete e vinte anos. Esses estudantes já tinham estabelecido um certo grau de relacionamento entre si e comigo, uma vez que, no semestre anterior, pertenciam à uma mesma classe à qual ministrei um curso.

Os instrumentos utilizados para a coleta de dados foram quatro: os diários de leituras dos alunos, os *one minute paper*, os questionários de avaliação e o diário do professor-pesquisador. Os primeiros foram produzidos como cumprimento de requisito indispensável à aprovação do aluno, para a disciplina Comunicação e Expressão Verbal II, no segundo semestre de 1991, no primeiro ano do Curso de Jornalismo da Pontifícia Universidade Católica de São Paulo, do período matutino. Todos eles foram produzidos em casa, com um prazo de uma semana para sua elaboração.

No início do curso, foi pedido a todos os alunos que mantivessem um caderno em que produzissem um *diário reflexivo de leituras*, tendo como suporte os textos indicados pela professora-pesquisadora, descritos anteriormente. Para essa produção, foram dadas as seguintes instruções:

> Objetivo: refletir criticamente sobre a leitura realizada.
> Leia o texto e, à medida que lê, vá escrevendo, como se fosse para você mesmo(a):
> a. descreva o que o texto traz de interessante tanto em relação à forma quanto ao conteúdo;
> b. descreva em que o texto lido contribuiu para sua aprendizagem, para mudanças em sua prática de leitura e produção e para sua futura profissão;
> c. relacione a informação nova do texto lido a seu conhecimento prévio (dialogar com o texto);
> d. levante temas para discussão.

Cada uma dessas instruções teve por base tanto a minha própria experiência na produção do diário de leituras quanto meus pressupostos teóricos sobre o processo de leitura, podendo elas serem justificadas da seguinte forma:

– Em primeiro lugar, o reconhecimento de que o processo de leitura é um processo situacionalmente influenciado justificava a primeira instrução, que teve por objetivo trazer uma modificação na situação de leitura feita em situação escolar, que a obrigasse a ser mais lenta, propiciando a reflexão sobre cada trecho lido e o registro imediato dessas reflexões.

– Em segundo lugar, o reconhecimento de que a construção do significado se faz *on-line*, e não posteriormente à leitura, justificava a instrução de que a reflexão deveria ser feita concomitantemente à leitura, buscando-se a percepção dos processos envolvidos na compreensão e dos problemas a eles relacionados[1].

– Em terceiro lugar, o reconhecimento de que o processo de compreensão é facilitado quando se utilizam diferentes informações provenientes do próprio texto, ao mesmo tempo em que, através da leitura, vão se construindo modelos sobre diferentes tipos de textos que facilitam as leituras futuras, levou-me a enfatizar a necessidade de se atentar não só para os aspectos de conteúdos, mas também para os da forma textual.

– Em quarto lugar, o reconhecimento de que os objetivos pessoais dados à leitura e os aspectos afetivo-emocionais aí envolvidos interferem na compreensão da leitura levou-nos a dar um sentido prático às leituras, enfatizando-se a necessidade de estabelecimento de relações entre o que era lido e os interesses práticos de cada aluno.

– Em quinto lugar, o reconhecimento de que vários níveis de informação interagem no processo de compreensão, devendo o leitor trazer considerável soma de conhecimentos para que ele se processe satisfatoriamente, levou-me a incentivar os alunos a estabelecerem relações constantes entre as informações provenientes do texto e os diferentes tipos de informações armazenadas na memória.

– Finalmente, o reconhecimento de que a prática de leitura não pode ser reduzida a um processo cognitivo de um leitor isolado, mas que ela ganha em interesse quando é socializada, levou-me a incentivar os alunos a buscarem, nos textos lidos, os aspectos que gostariam de submeter a essa socialização[2].

Além das instruções expostas, foi salientado que a produção do diário *não* deveria envolver a preocupação com a produção de um texto acabado, coerente, ou com os conceitos de "certo" e "errado" orientados por uma intenção de satisfazer as expectativas do professor, ou com a exclusão dos conteúdos considerados como íntimos, e que, embora a produção do diário fosse obrigatória como um dos requisitos do curso, a ele não seriam atribuídas notas ou conceitos. Com o transcorrer das aulas, foi sugerido ainda que fossem incorporados ao diário de leituras outros tipos de produções, tais como: comentários sobre as aulas, diários sobre a produção textual, textos acabados e o *one minute paper*.

Após a primeira metade do curso, cópias de todos os diários, xerografadas, foram recolhidas e lidas por mim, enquanto ia escrevendo comentários sobre eles, os quais, posteriormente, foram discutidos individualmente com os alunos, quando estes consideravam necessário. Procurando preservar a privacidade dessas produções, foi permitida, para a entrega, a supressão de segmentos textuais que fossem considerados excessivamente íntimos. Ao final do curso, as cópias dos diários produzidos foram novamente recolhidas, lidas e comentadas.

O curso para o qual foram produzidos os diários de leitura é normalmente oferecido aos alunos do primeiro ano do Curso de Jornalismo, como continuidade do Curso Comunicação e Expressão Verbal I, com duração de quinze semanas, com três horas-aula semanais, fazendo parte do currículo mínimo obrigatório. A experiência propriamente dita foi desenvolvida em dez aulas, que tiveram por núcleo a discussão de conteúdos, quer os que os próprios alunos mobilizavam a partir de seus diários de leitura, quer os que eu, como professora, mobilizava a partir de minha própria leitura ou da seleção efetuada pelos alunos. Essa discussão e a produção dos textos tiveram como suporte nove textos escolhidos por mim (v. Anexo I), baseando-me no fato de eles apresentarem, ou em relação ao conteúdo ou em relação à forma, questões referentes à linguagem, à leitura e à produção textual que foram consideradas como relevantes para a reflexão e a discussão do grupo de alunos. O conteúdo temático dessas aulas pode ser resumido da seguinte forma:

1ª aula: Foi exposto o planejamento geral do curso, localizando-o dentro do contexto da pesquisa e dando-se, de forma simplificada, alguns de seus pressupostos teóricos, principalmente os de Vigotski, e buscando-se estabelecer um contrato inicial[3] em que a questão da responsabilidade individual de cada um fosse enfatizada. Foram também dadas as primeiras instruções sobre a produção do diário. Após essa exposição, abriu-se uma discussão para a clarificação da proposta do curso e para os comentários dos alunos em face dela.

2ª aula: Foram discutidos os diários referentes à leitura do texto "Os diferentes estilos", crônica de Paulo Mendes Campos (1976), em que o autor narra um mesmo fato, de forma irônica, em diferentes formas, caracterizando estilos de grupos sociais, instituições, posições ideológicas, escolas literárias, sexos e autores diversos. Na discussão, várias foram as questões levantadas, desde as que se referiam ao texto em si mesmo até as mais abrangentes, envolvendo problemas lingüísticos, ou de compreensão, ou sobre discurso jornalístico. Entre os tópicos discutidos, podemos elencar os seguintes:

a) a concepção de linguagem como fenômeno histórico e social;
b) as restrições sociais na prática discursiva e os limites da criação individual;
c) o estilo como marca de posição social e ideológica;
d) as relações estabelecidas entre os diferentes estilos apresentados pelo autor e o estilo de cada aluno ou de pessoas conhecidas;
e) a existência de dois estilos de leitura: o que se atém às unidades menores (ascendente) e o que se preocupa com o global (descendente);
f) a questão da inexistência da neutralidade no jornalismo.

Como exercício de produção textual, subseqüente à discussão, foi dada aos alunos a tarefa de elaboração de textos, em casa, nos moldes da crônica lida, que, na aula seguinte, foram trocados entre eles para a elaboração de comentários.

3ª aula: Foi discutido o texto "Uma variante é variante de quê?", de Sírio Possenti (1986), em que o conceito de *estilo* é discutido em termos discursivos, abandonando o autor a idéia de estilo como desvio para adotar a idéia de estilo como escolha. Dada a grande dificuldade de compreensão explicitada pelos alunos, parte da aula foi consagrada à discussão dos processos de leitura efetivados e outra parte, à discussão de questões provenientes do texto lido, podendo-se resumir essas duas partes nos seguintes tópicos:

a) a questão da interdependência entre forma e conteúdo;
b) a questão das limitações de escolha no discurso jornalístico;
c) a importância de se desenvolver estratégias de compreensão que se sirvam do contexto para depreensão do significado;
d) a importância de, na leitura, serem reconhecidos os efeitos de sentido produzidos e pretendidos pelo autor, mesmo que de forma implícita.

4ª aula: A partir da quarta aula, a argumentação passou a ser o núcleo temático central, iniciando-se essa fase com o texto "Cultura de massa e 'níveis' de cultura", de Umberto Eco (1970), e o texto "As vacas", de Vilhelm Flüsser (1979), que parodia exatamente o modelo de argumentação utilizado por Eco. Exatamente por ser paródico, o texto de Flüsser pode ser visto como um bom instrumento para se discutir a estrutura típica desse tipo de texto. Dada a dificuldade de os alunos compreenderem-no como paródia, parte da discussão foi consagrada a essa questão particular e a outras a ela relacionadas, tais como:

a) a necessidade de conhecimentos prévios para a compreensão de um texto como paródico;

b) a estrutura do modelo da argumentação;
c) a questão dos modelos de gênero envolvidos na produção de texto;
d) a relação entre estilo e modelo.

5ª aula: Para essa aula, os alunos produziram diários sobre um capítulo do livro *Escrever é desvendar o mundo*, de Barbosa & Amaral (1990), capítulo esse que analisa, pormenorizadamente, a questão da dissertação. Durante a aula, os alunos escreveram um texto sobre o que pensavam a respeito, procurando-se levantar suas representações, a partir do que foram discutidos os seguintes tópicos:

a) os objetivos possíveis da dissertação;
b) a estrutura desse tipo de discurso;
c) a relação entre lógica, criação e dissertação.

6ª aula: Tendo sido percebidos alguns problemas na produção dos diários (os quais discutiremos posteriormente), novas explicações foram dadas sobre a forma de elaborá-los, salientando-se que as reflexões sobre os textos lidos deveriam ser registradas antes, durante e após o processo de leitura. A seguir, foi feita uma exposição sobre uma tipologia textual que distingue entre textos descritivos, narrativos, dissertativos e argumentativos, tomando como critério os objetivos pretendidos pelo autor e as diferentes formas de desenvolvimento textual. Finalmente, os alunos apresentaram os exercícios sobre argumentação que haviam elaborado em casa.

7ª aula: Para essa aula foram lidos dois textos. No primeiro, "Um socialismo revigorado", José Genoíno (1991), utilizando uma estrurura argumentativa tradicional, refuta os argumentos levantados por Leôncio Rodrigues a favor da social-democracia como a única forma de movimento político de esquerda possível após a queda do comunismo. No segundo, "Choram as quatro damas do baralho nacional", Arnaldo Jabor (1991) procura indicar as causas sociais do choro mais ou menos simultâneo de quatro mulheres de projeção nacional. A tarefa dos alunos, nos diários, era a de comparar os dois textos, em termos do que estava sendo discutido em relação à dissertação e à argumentação. Tendo havido dificuldade de compreensão do texto de Arnaldo Jabor, ele foi discutido mais detalhadamente, enfocando-se a questão da tese e dos argumentos levantados pelo autor.

8ª aula: Para essa aula, foram desenvolvidos diários sobre o texto "Poesia: a paixão da linguagem", de Paulo Leminski (1987), no qual o autor tece considerações a respeito da relação entre o poeta e a linguagem, numa exposição argumentativa mas poética. As questões centrais discutidas a partir desse texto foram:

a) a possibilidade de se produzir argumentação poética;
b) a estrutura da argumentação;
c) a questão dos limites impostos pela língua, pelas convenções, e a possibilidade de criação dentro desses limites, tanto na poesia quanto em qualquer atividade lingüística;
d) a questão do "pensamento selvagem", levantada por Leminski, como a possibilidade de um pensamento não linear, fora de um direcionamento único, estereotipado, fechado em regras preestabelecidas.

9ª aula: Para essa aula, os alunos produziram diários sobre o texto "Dénouément", conto de Ivan Ângelo

(1986), no qual o autor desenvolve três versões do mesmo conto: uma produção inicial, um registro do processo de sua revisão e, finalmente, a versão definitiva. Além de fazerem uma reflexão sobre a leitura do conto, os alunos tiveram por tarefa a elaboração de um texto em três versões, em que também deveriam registrar seu próprio processo de revisão.

10.ª aula: Nessa aula, foram discutidas as respostas dadas pelos alunos ao questionário, com quatorze questões (v. Anexo II), aplicado com o objetivo de se obterem depoimentos sobre suas representações a respeito de seu próprio aprendizado, sobre a utilização do diário, sobre o comportamento de colegas e do professor, sobre o sistema de avaliação e sobre os textos lidos.

Além da produção dos diários, ao final de algumas aulas foi pedido aos alunos que redigissem, em poucos minutos, algumas linhas em que sintetizassem o que consideravam como conteúdo central do que haviam aprendido na aula do dia, o que é chamado de *one minute paper* ou "relatório de um minuto".

Além desses materiais produzidos pelos alunos, conforme já o dissemos na parte introdutória deste trabalho, antes mesmo de iniciar a pesquisa, eu mesma já havia iniciado a produção de um diário reflexivo de leituras, ao qual foi incorporado, com o transcorrer das aulas, o que se pode chamar de diário de campo, com observações e reflexões sobre as aulas e sobre a pesquisa em geral, que muito me ajudou na interpretação final dessa experiência.

Quanto aos métodos de análise utilizados no trabalho desenvolvido, eles foram três: o de análise de conteúdos, o de análise de unidades lingüísticas e o de organização seqüencial. A hipótese mantida em relação à primeira era a de que determinados conteúdos não expressos nas tarefas escolares usuais de leitura de textos, tais como as práticas e processos de leitura dos diferentes sujeitos, as representações do gênero diário e da situação de comunicação, manifestar-se-iam nos textos produzidos, dando acesso a aspectos das representações que os sujeitos constroem para si sobre a ação realizada, aspectos esses considerados importantes para a interpretação global da atividade.

O método que seguimos nessa fase da pesquisa é um método interpretativo, sem critérios rígidos, inspirado na *análise de conteúdos* proposta por Spradley (1979) e constituído por duas etapas. Na primeira delas, ou na de *identificação das unidades de informação*, buscamos encontrar unidades de informação sobre aspectos das representações dos produtores sobre as quais queríamos ter uma maior compreensão. Como unidade de informação considerou-se o menor pedaço de informação sobre as representações que visávamos obter, que pudesse permanecer por si mesma, isto é, que pudesse ser interpretável na ausência de qualquer outra informação adicional, além de uma ampla compreensão do contexto no qual a pesquisa se realizou. Dado que o que interessava era perceber as representações dos agentes produtores sobre as ações desenvolvidas na atividade de produção dos diários, selecionamos como unidades quaisquer orações, parágrafos ou fragmentos de orações cujo conteúdo revelasse qualquer representação referente à atividade desenvolvida e aos parâmetros da situação de comunicação, isto é, ao gênero diário de leituras, ao locutor-enunciador, ao receptor-destinatário, às instruções dadas.

Na segunda etapa da análise de conteúdos, ou na etapa de *categorização das unidades de informação*, as unidades de informação encontradas foram categorizadas em termos de problemas encontrados pelos produtores na consecução da atividade e em termos das estratégias utilizadas para superação desses problemas.

O segundo método de análise utilizado foi o da *análise quantitativa de unidades lingüísticas*, sustentado pela hipótese de que a presença de uma certa configuração de unidades lingüísticas mais ou menos específicas permitiria delimitar grupos de textos com características mais ou menos semelhantes, mesmo que com uma certa margem de erro, sem nos referirmos a seu conteúdo semântico. Sendo tais unidades consideradas como o traço de determinadas operações lingüísticas, o levantamento dessas unidades permitiria também a identificação das operações efetuadas pelos diversos agentes-produtores, com uma melhor compreensão sobre a escolha de determinado gênero, sobre o tratamento dos parâmetros da situação e sobre a própria situação.

Essa análise foi realizada em três grandes fases. Na primeira, procedeu-se à constituição da amostra a ser analisada, à codificação e ao tratamento dos textos, à seleção das unidades lingüísticas a serem consideradas e ao estabelecimento de critérios para sua identificação. Na segunda, para cada um dos textos foi levantada a freqüência das unidades lingüísticas selecionadas, o cálculo dos índices de cada unidade e da densidade verbal. Finalmente, na terceira, efetuou-se a comparação entre os resultados da análise de cada texto, a classificação dos textos em três grupos, a construção de quadros de cada grupo e a obtenção das médias dos índices de cada unidade em cada um dos grupos.

Em relação à *seleção dos textos para análise*, alguns problemas de ordem particular, referentes ao próprio pesquisador, surgidos no final do curso, fizeram com que fossem coletadas as produções escritas de apenas quatorze alunos, e em número irregular. A variação do número de produções que cada aluno entregou se explica não só por esses problemas, mas também pelo fato de que alguns não entregaram todos os textos produzidos, outros aglutinaram duas leituras num só texto e outros ainda produziram mais textos do que o obrigatório. Para a seleção final, procedemos à leitura de todos os textos entregues, separando os que consideramos como diários de leituras propriamente ditos das outras produções (*one minute paper*, comentários de aulas, textos definitivos). Para isso, nos servimos de critérios que foram implicitamente estabelecidos pelos próprios alunos-produtores e/ou inferidos pelos títulos, subtítulos e demarcações gráficas. Dessa forma, chegamos a um total de oitenta e nove textos considerados como diários de leitura, distribuídos entre os quatorze alunos na seguinte proporção:

2 alunos com 9 textos;
5 alunos com 8;
3 alunos com 7;
1 aluno com 4;
2 alunos com 3.

A partir desse levantamento, tomamos os textos dos três primeiros grupos de alunos para a análise quantitativa, considerando que o número de produções desses alunos é mais significativo e equilibrado, obtendo-se, assim, um total de setenta e nove textos a serem analisados. Após a seleção, procedemos a uma *codificação dos textos*, de forma que todos os diários selecionados fossem codificados em referência ao aluno que o produziu e em referência ao texto que serviu de suporte da produção. Assim, ao nome de cada aluno corresponde uma letra, de A a J, atribuídas arbitrariamente, às quais foram acrescentados números de 1 a 9, que indicam o texto-suporte. O número 5.1. foi acrescentado para dar conta de um diário que foi produzido separado do diário 5, por alguns alunos. Assim, de acordo com a codificação, a indicação A.1., por exemplo, significa que se trata do diário da aluna A, referente ao primeiro texto lido, "Os diferentes estilos".

Feita a codificação, procedeu-se a um *tratamento dos textos para análise*, sendo eles mantidos o mais próximo possível de sua forma original, incluindo-se aí a manutenção de possíveis erros, quaisquer que sejam, e sendo transcritos dessa forma para o computador. Para a análise, entretanto, foram eliminadas as citações em discurso direto, claramente marcadas por algum sinal gráfico, aspas ou travessões, visto que sua manutenção poderia afetar consideravelmente os resultados da análise pretendida.

A seguir, foi feita uma *seleção das unidades lingüísticas a serem analisadas* e foram estabelecidos *critérios para sua identificação*. As unidades foram selecionadas com base numa grade de análise sugerida por Bronckart *et alii* (1985), que pode ser considerada como um subconjunto de unidades lingüísticas dentre as mais específicas de cada tipo de discurso. Entretanto, abandonamos aqui algumas dessas unidades, como os modalizadores, que, na versão atual do modelo, não são consideradas como distintivas de tipos discursivos. Embora as análises desses autores incida sobre textos em língua francesa, consideramos que essas unidades apresentam a mesma função em português e assumimos que a observação da configuração das unidades que selecionamos seria adequada e suficiente para os objetivos da pesquisa, constituindo-se, assim, uma grade de análise composta por doze unidades lingüísticas, tal como se segue:

1. pronomes de primeira pessoa do singular e formas verbais correspondentes;
2. pronomes de primeira pessoa do plural e formas verbais correspondentes;
3. pronomes de segunda pessoa do singular e formas verbais correspondentes;
4. dêiticos temporais;
5. dêiticos espaciais;
6. verbos conjugados no presente do indicativo;
7. verbos conjugados no perfeito do indicativo;
8. verbos conjugados no imperfeito do indicativo;
9. verbos conjugados no futuro perifrástico com auxiliar IR;
10. frases interrogativas;
11. frases exclamativas;
12. frases imperativas.

Para o *levantamento das ocorrências dessas unidades*, seguimos um critério puramente formal, sem considerar suas possíveis funções, evitando, na medida do possível, qualquer referência ao significado. Alguns critérios mais específicos foram adotados, em relação a certas unidades, a saber:

– Em relação às formas que indicam pessoa, quando, no mesmo enunciado, ocorre um pronome em posição de sujeito, de uma determinada pessoa gramatical, com uma forma verbal na mesma pessoa, consideramos que há apenas uma ocorrência de marca de primeira pessoa, visto que há redundância. Da mesma forma, consideramos que há apenas uma ocorrência quando se trata de verbos pronominais.

– Em relação aos dêiticos de lugar e de tempo, levando em conta que algumas dessas unidades são ambíguas, de um ponto de vista estritamente formal, podendo ter um valor dêitico ou anafórico, só foram contabilizadas as unidades que não apresentavam essa ambigüidade.

– Em relação às interrogativas e exclamativas, os sinais de pontuação próprios a elas foram considerados como os indicadores de sua ocorrência. Tendo em vista esse critério, considerou-se que há ocorrência de frases interrogativas e/ou exclamativas mesmo quando esses sinais de interrogação e exclamação aparecem entre parênteses, como no seguinte exemplo: "um pouco romântico (?!)".

Selecionadas as unidades e estabelecidos os critérios para sua identificação, procedemos ao *levantamento da freqüência de cada unidade*, assinalando-se as ocorrências de cada uma e computando-se seu total. Para darmos conta de diferenças relativas ao tamanho de cada texto e para poder posteriormente fazer comparações entre textos de tamanhos diferentes, foi feito o *cálculo dos índices de cada unidade*, relacionando as freqüências observadas a um referencial comum, o total de verbos. Dessa forma, sobre a base da freqüência de cada unidade e do número total de verbos, obtivemos os índices que dão a proporção de ocorrências de cada unidade sobre cem verbos. Outro cálculo foi ainda efetuado, o *cálculo da densidade verbal*, dividindo-se o número de verbos de cada texto pelo número de palavras aí existentes, tendo sido o número de palavras obtido via computador. O total dos índices de cada unidade presentes no conjunto dos diários de um mesmo aluno foi dividido pelo número total de diários deste aluno, obtendo-se assim *a média dos índices de cada unidade* no conjunto de diários de cada aluno, o que nos dá a tendência particular de cada um.

A partir do levantamento dos índices de cada unidade, construímos um quadro integrando todos os resultados, o que permitiu a *comparação* e a *classificação inicial dos textos* em dois grupos básicos – grupo mais teórico e grupo mais interativo, tomando-se como critério a presença de marcas da primeira pessoa. A seguir, o segundo grupo foi diferenciado em dois – grupo interativo com marcas de destinatário e grupo mais interativo sem marcas de destinatário, tomando-se como critério a presença de marcas de segunda pessoa. A classificação inicial permitiu a separação de todos os textos em quadros discriminativos. Essa separação permitiu o levantamento das médias dos índices de cada unidade em cada grupo e a *construção de quadros comparativos* dessas médias. A análise permitiu ainda a *verificação das possíveis relações entre os textos lidos e os textos produzidos*, o que foi feito com a construção de um quadro em que se pode verificar a relação das freqüências de marcas de primeira pessoa em relação aos textos lidos.

Encerrada a análise referente às unidades lingüísticas presentes nos textos analisados, conforme já o dissemos, efetuamos ainda uma *análise do plano de texto e da organização seqüencial*, com a hipótese básica de que a presença e a forma de organização de determinados tipos de planejamento e de seqüências nos textos analisados permitiriam a identificação da forma de estruturação – ou das formas – que caracteriza os textos produzidos nessa situação de comunicação específica. Para essa análise, a *seleção dos textos* baseou-se tanto em um critério interno, o da presença ou da freqüência de determinadas unidades lingüísticas, quanto em um critério externo, o texto que serviu de base para a produção. Assim, foram selecionados nove textos, com as seguintes características:

– cada conjunto de três textos pertence a um mesmo grupo (ou mais teórico, ou mais interativo sem marcas de destinatário, ou mais interativo com marcas de destinatário), grupo esse definido com base na análise quantitativa das unidades lingüísticas;
– para cada conjunto de três textos corresponde um texto diferente como base de leitura[4];
– cada texto selecionado apresenta alguma característica formal particular, em relação aos dois outros do mesmo conjunto, o que nos levou a considerá-los como representativos de subgrupos aí existentes, podendo, assim, a análise ser vista como representativa da análise desses subgrupos.

Do grupo mais teórico, foram selecionados os textos A.8., B.8. e C.8., que foram produzidos tendo por suporte o texto "Poesia: a paixão da linguagem" e cujas características formais são as seguintes:

a) o texto A.8. se apresenta mais tipicamente como discurso teórico, não apresentando nem marcas explícitas de segunda pessoa nem orações não-declarativas;
b) o texto B.8. apresenta marcas do interlocutor;
c) o texto C.8. apresenta um número significativo de frases não-declarativas.

Do grupo mais interativo com marcas de destinatário, foram selecionados os textos E.2., D.2. e J.2., que tiveram como suporte o texto "Uma variante é variante de quê?". Da mesma forma que o grupo anterior, três subgrupos de textos foram distinguidos, utilizando-se o mesmo critério acima exposto. Assim:

a) o texto E.2., com 12,73% de unidades lingüísticas de primeira pessoa, foi selecionado como representativo do subgrupo de textos com índices dessa unidade até 20%;
b) o texto D.2., com 25,35%, foi selecionado como representativo do subgrupo cujos índices variam de 20% a 40%;
c) o texto J.2., com 69,05%, foi selecionado como representativo do subgrupo cujos índices estão acima de 40%.

Do grupo mais interativo sem marcas do destinatário, foram selecionados os textos E.6., D.6. e G.6., que foram produzidos tendo por suporte o texto "Choram as quatro damas do baralho nacional". Observando-se que há uma diferença grande entre os índices das unidades lingüísticas de primeira pessoa, nesse grupo, optamos por tratá-lo como sendo constituído por três subgrupos definidos em relação a essas porcentagens. Assim, teríamos um primeiro subgrupo constituído pelos textos com esse índice até 20%, um segundo subgrupo com índice entre 20% e 40% e, finalmente, um terceiro, com índice acima de 40%. Assim:

a) o texto E.6., com 7,41% de índice, foi escolhido como representativo do subgrupo de textos cujos índices vão até 20%;

b) o texto D.6., com 29,87%, foi escolhido como representativo do subgrupo cujos índices variam de 20% a 40%;

c) o texto G.6., com 53,85%, foi escolhido como representativo do subgrupo cujos índices estão acima de 40%.

Para a *identificação do plano de texto e da organização seqüencial,* cada texto foi analisado, primeiramente, em termos da planificação global de conteúdos, não se adotando aqui nenhum critério formal rígido, procurando-se identificar os segmentos de texto que dão aos conteúdos textuais uma certa organização global. Para essa identificação, guiamo-nos tanto por critérios semânticos quanto por formais, lingüísticos ou paralingüísticos, podendo-se arrolar entre eles a manutenção ou não de tópico, os sinais gráficos de demarcação, como a paragrafação, a presença de determinados organizadores textuais, a manutenção ou não de subsistema temporal, a ocorrência de segmentos de texto com caráter metaplanificador. Para a delimitação das seqüências, também não foi seguido nenhum critério formal rígido, dado que é o conhecimento de tais esquemas o fator primordial para sua identificação e de suas diferentes fases, sendo esse conhecimento mais ou menos reforçado pelas marcas lingüísticas presentes no texto, tais como determinados organizadores textuais.

A partir daí, foi feita uma *comparação entre os textos de cada grupo*, isto é, os três textos de cada grupo foram comparados em relação a suas características de organização seqüencial, em termos de heterogeneidade seqüencial, forma de heterogeneidade, presença ou ausência de marcas de relação entre as seqüências, tipo de seqüência encaixada e tipo de seqüência encaixante. A seguir, foi feita uma *comparação entre os três grupos de textos* em relação às características de organização seqüencial, referentes aos mesmos aspectos mencionados no parágrafo anterior, estabelecendo-se seus aspectos comuns e diferenciadores.

Os resultados de todas essas análises são apresentados, seqüencialmente, nos três próximos capítulos.

Capítulo 5 **Representações sobre os parâmetros da situação de comunicação e sobre o diário de leituras**

O objetivo deste capítulo é o de apresentar e discutir as representações que são explicitadas, tanto nos diários dos alunos como nos meus, sobre os parâmetros dessa situação de produção específica e sobre o gênero diário de leituras, buscando-se encontrar nelas subsídios para nossas conclusões não só a respeito dos textos produzidos, mas também a respeito dessa situação, o que nos permitirá a avaliação da experiência didática considerada como um todo.

Cada ação verbal que cada aluno desenvolveu pode ser descrita da seguinte forma: No dia X, do segundo semestre de 1991, provavelmente em sua casa, o indivíduo A, no papel de aluno universitário, se dirige a AR, no papel de professora universitária, no quadro da instituição escolar, com o objetivo primeiro de cumprir a tarefa dada pela professora, escrever um diário de leituras, de acordo com as instruções dadas. Entretanto, se essa ação verbal pode ser descrita de forma aparentemente tão fácil, ela parece ter envolvido muitos problemas para os alunos, derivados de diferentes representações sobre a situação de comunicação e sobre o gênero em que deveriam se apoiar.

Dado que é comum que a escrita diarista conduza ao desenvolvimento de "teorias diaristas" particulares, que freqüentemente são expressas nos diários, o que é facilmente observável tanto nos diários produzidos pelos alunos como em nosso próprio diário, consideramos que o exame da expressão dessas "teorias" poderia contribuir para uma melhor compreensão da situação de comunicação, do(s) gênero(s) nos quais os textos se basearam e dos próprios textos produzidos e, sobretudo, poderia elucidar os pontos em que o trabalho desenvolvido deve ser modificado ou mantido.

Inicialmente, constatamos que os comentários sobre o diário estão presentes nos textos de oito alunos e que uma das questões mais evidentes que se depreende da leitura desses comentários é que três tipos de problemas foram encontrados no início da produção dos diários: problemas relativos aos conteúdos, problemas relativos ao destinatário-interlocutor, e, portanto, relativos ao próprio locutor-enunciador[1] e às relações entre essas duas instâncias, e ainda problemas relativos ao processo de escrever à medida que se lê. Em quatro dos diários, esses problemas já começam a ser expostos logo no início das produções, conforme podemos ver num trecho que inicia a produção diarista da aluna E.:

> Anna Rachel apresentou-nos, então, uma experiência sua. Interessante, mas pouco clara para muitos de nós, ouvintes, seria um diário reflexivo. Diário, de todo dia? Haveria tema? Liberdade total? Mil interrogações.

Seria um trabalho direcionado através da leitura de textos. Nossos escritos fluiriam de acordo com o pensamento, concomitantemente à leitura. Conhecimento e produção. A idéia agradou. Depois da produção, a discussão.

O que se pode constatar por essas declarações é que a proposta de se fazer um diário reflexivo de leituras, ao mesmo tempo que provocou uma recepção positiva, instaurou também um sentimento de dúvida, de insegurança, e uma associação com a possibilidade de uma produção livre, sem restrições de ordem temática, associação essa que seguramente se relaciona com o conhecimento que os alunos tinham sobre o gênero *diário*. Essa mesma relação instituída entre o gênero *diário* e a possibilidade de uma escritura sem restrições aparece também em meu primeiro diário, tal como se pode evidenciar no trecho "Junto tudo: *I Ching*, Borges, *Lilith, a Lua Negra,* e *Posso ser livre*".

Outros comentários iniciais dos alunos a respeito da proposta indicam que a apresentação de um modelo do diário reflexivo de leituras, através de uma simples leitura de um diário por mim produzido, mostrou-se insuficiente para dirimir as dúvidas que tinham sobre essa produção, tal como é expresso pela aluna J.:

> Não entendi muito bem o que a professora falou na aula de sexta. Acho que é para ser um texto meio emotivo; ela leu um que fez, não entendi muito, ela usou muitas palavras que não conheço, mas achei bonito, apesar de muito extenso. (J.)

É de notar que essa confissão de não-entendimento da proposta, no início do curso, aparece nos depoimentos de seis dos vinte e dois alunos que responderam ao questionário avaliativo do curso, alguns dos quais salientam que essa compreensão, entretanto, foi sendo construída no decorrer do processo, o que parece ter sido facilitado pela observação da ação dos colegas, que tomam, assim, o papel de *experts*, tal como afirma B., em um comentário oral: "A gente vai vendo o que o outro faz..."

O primeiro aspecto desse não-entendimento inicial está relacionado à questão dos referentes possíveis e/ou desejáveis da atividade proposta. Pode-se dizer que a associação estreita, e sobretudo exclusiva, estabelecida pelos alunos entre *emoção*, *sentimento*, *liberdade*, e o gênero *diário* entrava nitidamente em choque com os objetivos por mim perseguidos, na medida em que estes incluíam, sem negar as características individuais da leitura de cada aluno, o estabelecimento de uma reflexão e de uma discussão sobre as características formais dos textos lidos. O surgimento desse conflito trouxe a necessidade de se estabelecer uma negociação a respeito desses referentes, que foi sendo realizada no decorrer das discussões, procurando-se retirar da representação do diário de leituras a conotação de uma simples escrita emotiva ou de uma escrita voltada apenas para o mundo subjetivo. Essa negociação, entretanto, foi recebida de várias maneiras. Às vezes, com uma aceitação pura e simples, tal como se vê no trecho extraído do diário de D.: "Acho melhor eu me deter nos aspectos lingüísticos a partir de agora, já que a proposta do diário é esta."

Outras vezes, entretanto, essa aceitação é visivelmente mostrada como imposta, mas sujeita à contestação ou ao protesto, tal como se verifica no trecho do diário de G.:

> Eu, preocupada com o conteúdo do texto, cheguei até em Walter Benjamin, pra descobrir que o que está em questão não é a maquinização do homem, não é a cultura e seus símbolos, mas sim a estrutura dos textos, os estilos!

A exclamativa presente no trecho nos indica bem que temos aí verdadeiros segmentos de discurso interativo, através dos quais os alunos buscam ativar o destinatário real, no caso a professora, numa tentativa de negociar o sentido da escrita diarista. Além disso, reitera-se aí a concepção de que as representações construídas envolviam a concepção de uma produção de texto em que os referentes desejáveis consistiam apenas no conteúdo do texto e no sentimento de cada aluno diante dele.

Entretanto, não se pode dizer que esse conflito sobre os conteúdos possíveis/desejáveis seja simplesmente um conflito entre representações claras minhas e as representações titubeantes dos alunos. Ao contrário, ele parece ser produto da imprecisão de minhas próprias representações ou, melhor dizendo, de meus próprios problemas ainda não bem resolvidos em relação à produção desse tipo de texto, e, mais especificamente, em relação à possibilidade de tomar como referentes tanto os conteúdos do mundo objetivo como os do mundo subjetivo, o que se pode ver claramente nas interrogativas de um trecho retirado de meu diário inicial: "Terei tempo de dizer tudo que quero? Vou ler ou escrever? O que será mais importante: *Mind* ou *Society*?" Nesse trecho, o jogo que se faz com o título do texto lido (*Mind in*

Society) revela o problema em face da escolha dos referentes, sendo o termo *Mind* o representante dos referentes do mundo subjetivo, e o termo *Society*, o do mundo objetivo e/ou social. A resolução desse problema é, entretanto, logo entrevista por mim na possibilidade de integração desses diferentes tipos de referentes, conforme se vê no trecho: "Tenho de fazer esforço para integrá-los. Unir as polaridades numa terceira coisa que não se sabe bem o que é."

Assim, pelo que foi exposto, fica evidente que a escolha dos referentes foi problemática, pelo menos num primeiro momento, tanto para os alunos como para mim mesma, a própria professora. Embora esse problema inicial dos alunos seja facilmente perceptível, aos poucos, com o processo de negociação, foram-se constituindo as regras a respeito dos referentes possíveis nesse tipo de diário. Não é de estranhar, portanto, que as reflexões dos alunos comecem a centrar-se sobre a descrição do texto lido e dos processos de produção e de leitura. Entretanto, isso não impede que alguns dos alunos tomem iniciativas próprias quanto à seleção dos referentes possíveis, negociando a aceitação dessas iniciativas comigo, a professora, mesmo que elas sejam consideradas como não pertencentes, de direito, ao diário de leituras propriamente dito. O caso mais evidente desse processo é o da aluna F., que, depois de fazer um desenho no diário, adverte: "Importante: Não se assuste ao encontrá-lo no meio do meu diário", ou ainda quando introduz uma produção de texto não solicitada:

Isto não faz parte do diário

> Eu estou com vontade de escrever e relendo coisas que eu havia feito no colegial. Eu achei esta redação. Gostei dela e só queria escrever. Não é pra dar nota. Só opinião. Eu fiz aquilo que você pediu (acima), reli e mudei algumas coisa, portanto é só um treino. (F.)

Nesse trecho, pode-se observar que prevalece a concepção de que o diário de leituras propriamente dito inclui apenas o que o professor pede e avalia, mostrando-nos que, na verdade, ele é representado ainda com determinadas características idênticas às de outras tarefas escolares em geral. Entretanto, isso não impede que a aluna vá além dessa representação e inclua aí uma atividade pessoal espontânea, mesmo que considerando-a como *não-diário*. Dessa forma, o que a aluna faz é negociar ativamente a aceitação dessa atividade pela professora, colocando um argumento que implica troca e que podemos parafrasear da seguinte forma: "eu fiz o que você pediu, eu fiz a tarefa pedida; portanto, posso agora fazer o que quero e você deve aceitar". Nesse sentido, pode-se dizer que a representação que se começa a fazer do diário como tarefa escolar se amplia: mesmo sendo visto como atividade obrigatória, determinada por um agente externo, ele pode incorporar outras atividades escolhidas pelo próprio aluno.

O segundo tipo de problema com o qual os alunos se defrontaram diz respeito à representação do destinatário, que busquei orientar através da instrução "escreva como se fosse para si mesmo/a". O que podemos verificar é que também em relação a essa instrução os alunos se posicionaram de diferentes maneiras, explícita ou implicitamente. Em alguns casos, a instrução é aceita e seguida, sendo o diário mesmo representado como o Outro-si mesmo com o qual se dialoga, tal como ocorre na escrita diarista propriamente dita (cf. Cap. 2). Essa função do diário fica evidente no trecho do diário da aluna M., no qual se torna evidente essa personificação do diário: "Reli várias vezes o diário e continuei discutindo com ele muitas coisas que escrevi."

Em outros casos, a instrução "escrever como se fosse para si mesmo" é claramente contestada, argumentando-se contra ela, como se pode ver no trecho abaixo:

> Laboratório. Me parece que é inútil pensar em escrever sem que alguém não leia. Dar forma, linha e cor a um movimento de fluência entre o interior e o papel já é sempre um apelo, um grito, expressão. (A.)

Na verdade, o que observamos nesse depoimento é uma concepção adequada da escrita como sendo essencialmente dialógica, o que naturalmente produz um conflito com a instrução proposta pela professora. Em outros casos, não observamos esse questionamento direto, mas pode-se perceber facilmente, através das unidades lingüísticas utilizadas, que a imagem do professor como destinatário real, e, sobretudo, como destinatário que julga o texto produzido, não é esquecida, tal como no trecho abaixo:

> Será que estou certa? É difícil escrever/procurar as palavras certas e se mostrar claramente. (...) tenho medo de escrever algo que não seja compreendido, ou então que venha a ser mal interpretado. Acho que é insegurança, nunca escrevi um diário. (D.)

A utilização do adjetivo *certas* e a frase *medo de escrever algo que não seja compreendido* parecem indicar que o modelo da situação escolar tradicional está presente, com a tradicional oposição entre o que é certo e o que é errado. Além disso, a imagem do professor é a do destinatário que efetua o julgamento sobre a correção do discurso produzido, cabendo ao aluno-enunciador o papel de fazer jus a esse julgamento.

Para outros alunos ainda, o conflito em relação ao destinatário é resolvido logo nos primeiros diários, optando-se em tomar o professor como o receptor real, mas modificando-se a representação tradicional desse papel, pelo menos em termos, como se pode ver no depoimento abaixo:

> Acho que está sendo uma experiência legal, pois estou escrevendo o que me vem à cabeça, sem parar para pensar, não me importando com erros gramaticais ou de pontuação. Minha letra então está tenebrosa e nem parágrafos fiz. Mas como já disse não importa o como mas sim o o quê. Espero que eu tenha sido clara e saiba, professora, que adorei fazer este texto (...). Não irei passá-lo a limpo pois isto seria a destruição da sua autenticidade. (J.)

O que podemos observar é que aqui há um rompimento claro da regra estabelecida (*escrever para si mesmo*) e que a imagem do destinatário que se constrói é a de destinatário não censor, que não julga a forma gramatical ou textual. Entretanto, o fato de essa diarista voltar-se criticamente para o próprio discurso e para o próprio processo também evidencia a preocupação em mostrar que há consciência das falhas apontadas, numa tentativa de construção de uma imagem positiva de si mesma em face do destinatário, apoiando-se numa valorização da escrita enquanto "autêntica" e na dicotomização entre forma e conteúdo. Essa imagem do destinatário não censor parece ir-se consolidando aos poucos, no decorrer do curso, aparecendo em outros diários, ora como um fato realmente existente que propicia a expressão do locutor-enunciador, como se pode ver no trecho do diário da aluna A.: "Eu penso em você lendo, Anna Rachel. Não consigo evitar. Isto realmente não me incomoda. (...) E não me sinto podando qualquer trecho de qualquer idéia"; ora como uma tentativa de direcionamento da posição que o interlocutor deve assumir, como o faz a mesma aluna, no trecho: ("Particularmente hoje, um diário é individual e deve ser respeitado como tal"); ora como uma possibilidade de confronto real entre diferentes posições expressas na situação de comunicação, como no diário de F.: "Você falou que na poesia o mais importante é a mensagem. Mensagem no sentido de passar algum sentido? Porque ao mesmo tempo no texto o autor fala que..."

Os comentários, que foram feitos por mim aos diários, parecem ter um papel fundamental na constituição de uma ou outra dessas imagens, a do professor enquanto censor ou não censor. Assim, em alguns casos, como conseqüência desses comentários, verificamos que a imagem de um destinatário real é reforçada, o que parece gerar o desejo da continuidade da interlocução, como podemos verificar nos depoimentos de A. e de D., respectivamente:

> Realmente gostei dos comentários. Queria poder escrever outro diário a partir de cada um deles. Preciso sentar com você e responder as suas questões.

Concordo com a M. (...). Confesso que tive essa vontade quando a Anna Rachel entregou o diário, me deu uma vontade louca de começar a interpretar tudo aquilo, de complementar e de responder as perguntas que a Rachel fazia.

Da mesma forma que apontamos em relação à seleção dos referentes, verificamos que o problema da constituição da imagem do destinatário também é largamente discutido em meus diários iniciais. Em primeiro lugar, encontramos apontada a dificuldade de produção em uma situação de comunicação em que o locutor deve expor seu mundo subjetivo diante de um interlocutor: "Difícil liberar minha subjetividade sabendo que alguém me lê." O que se pode inferir desse trecho é que o locutor-enunciador sente a ambigüidade constitutiva da situação de comunicação, pois, embora o diário de leituras seja representado como lugar possível para a exposição mais livre do mundo subjetivo, como uma escritura do eu, em que as restrições sociais sobre o discurso operam de forma mais fraca, o locutor *sabe* que há um destinatário real e que esse destinatário ocupa um papel institucional, como professora, o que, obrigatoriamente, implica determinadas restrições. Na busca da resolução desse problema, tal como alguns dos alunos o fazem, busquei definir o papel que o destinatário real deveria assumir, tentando influir diretamente sobre sua atitude, o que o uso da modalização diretiva, no trecho que se segue, bem exemplifica: "É preciso que o outro aprove, não censure, peça de novo, mostre que é importante, que ele quer ler, que há interesse, que também ele (...) diga coisas novas, bonitas."

A segunda estratégia por mim encontrada para a resolução do problema é a aceitação da instrução proposta, mas tratando-a como uma espécie de regra de jogo, o que é facilmente visível na utilização da expressão *faz de conta*, no trecho que se segue, expressão essa típica dos jogos infantis: "Faz de conta, mesmo, que é só pra mim."

Entretanto, se essa ficcionalização do destinatário é levada a cabo, em alguns trechos podemos observar que ela não é totalmente bem-sucedida, uma vez que neles se expressa claramente a preocupação com a compreensão do destinatário real, como podemos ver no trecho: "Será que a Ciça (Cecília?) vai entender?" Nesse trecho, notamos claramente a dúvida do locutor-enunciador sobre a posição de sujeito que ele atribui ao destinatário. Em outras palavras, se o receptor, do ponto de vista empírico, nessa situação de comunicação, é um só, do ponto de vista das representações do agente produtor ele pode ser considerado como *Ciça* ou *Cecília*, isto é, ele pode assumir diferentes posições de sujeito, mais ou menos institucionalizadas, mais ou menos formais, mais ou menos íntimas[2].

Finalmente, o terceiro problema com o qual os alunos se defrontaram, que é facilmente identificável e que mereceu negociação explícita, refere-se à instrução referente ao processo mesmo da escritura (*escrever durante a leitura, à medida que lê*). Algumas vezes, essa instrução foi recusada implicitamente, o que é facilmente perceptível na própria organização estrutural dos diários, ou explicitamente, quando se colocam argumentos claros contra ela, como se vê no trecho abaixo, extraído do diário da aluna A.:

> Às vezes, seguir o roteiro para o diário é desestimulante. Fazer as coisas por etapas, de certa forma, poda algo de

espontâneo. Portanto, não vou seguir este roteiro de forma rígida. (A.)

Da mesma forma que os dois problemas discutidos anteriormente, o referente ao processo de ler e escrever ao mesmo tempo também pode ser identificado em meu diário, nas dúvidas expressas, tal como as vimos no trecho citado mais acima, cuja questão envolve exatamente o problema que o agente produtor sente na consecução simultânea dessas duas atividades e para cuja solução nem sempre os alunos encontraram uma saída satisfatória.

Como conclusão das observações até aqui feitas, podemos afirmar que o diário reflexivo de leituras, enquanto um gênero passível de ser utilizado na situação de comunicação escolar, não fazia parte do conjunto de conhecimentos prévios dos alunos nem mesmo do meu próprio conjunto. Essa falta de modelo de gênero necessário a essa produção pode, assim, explicar os diferentes problemas encontrados, tanto em relação aos conteúdos a serem mobilizados quanto sobre a representação dos parâmetros da situação de comunicação.

Além disso, a regra "escrever como se fosse para si mesmo" implicava necessariamente uma mudança da imagem do destinatário tradicional nessa situação de comunicação. A regra colocada parece-me implicar justamente a constituição da imagem de um destinatário tal como Bakhtin o desenha para os gêneros íntimos em geral, isto é, um destinatário muito próximo ao locutor, com uma alta possibilidade de compreensão responsiva. Entretanto, ao mesmo tempo, essa regra produzia uma ambigüidade que exigia uma capacidade de afastamento da situação de comunicação real, na medida em que, de fato, o professor iria ler os diários, e ainda a construção de uma nova posição de sujeito-professor. Diante desses problemas, é de supor que cada aluno foi resolvendo seus problemas com estratégias próprias, numa tentativa de compatibilizar a utilização do diário à situação de comunicação escolar, utilizando para isso seu conhecimento sobre gêneros conhecidos e socialmente reconhecidos.

Em suma, o que essa análise nos aponta é que, embora a situação de comunicação, em termos empíricos, tenha sido a mesma para todos os participantes, ela foi diferenciada para cada um deles, em termos das representações da interação social e do gênero adequado, o que nos deixava prever que os textos produzidos apresentariam uma diversidade considerável, quer seja em relação ao tipo de discurso predominante, quer seja em relação à organização seqüencial, o que passaremos a mostrar nos dois próximos capítulos.

Capítulo 6 **Características discursivas dos textos produzidos**

O objetivo deste capítulo é o de apresentar os resultados obtidos na análise das unidades lingüísticas presentes nos diários produzidos pelos alunos, o que permitiu a caracterização e a classificação dos textos em dois grandes grupos, que passamos a descrever em detalhes.

1. Primeiro grupo

1.1 As unidades que indicam implicação dos parâmetros da situação de comunicação

No primeiro dos grupos por nós identificado, temos um conjunto menor de textos, em número de dez (ou 12,65% do total), que se apresentam com uma ausência total de dêiticos de primeira pessoa do singular e de dêiticos temporais e espaciais. Dentre esses textos, a grande maioria, oito deles, também não se apresenta nem com marcas de segunda pessoa nem com frases não-declarativas, enquanto cinco não apresentam marcas de primeira pessoa do plural.

Examinando mais detidamente os textos em que ocorrem pronomes de primeira ou segunda pessoa ou frases não-declarativas, verificamos, em primeiro lugar, que, nos dois textos em que os índices de freqüência de marcas de segunda pessoa são positivos, há uma variação entre 3,85% e 13,33%, o que poderia nos levar a crer que temos aí referência explícita ao destinatário. Entretanto, se examinarmos esses segmentos de forma qualitativa, verificamos que essas unidades lingüísticas aparecem em dois casos precisos:

a) quando se busca um paralelismo em relação a uma citação literal do texto lido, como no trecho "A poesia é a linguagem da paixão, 'não te dá nada em troca', te tira muitas vezes, do seu canto, calado" (B.8.);
b) quando se utiliza o pronome *você*, como índice de indeterminação do sujeito, em lugar do *se*, marcando-se o texto, assim, por um grau menor de formalidade, tal como no trecho "Como é bom você ler um texto satírico inteligente..." (E.3.).

Dessa forma, podemos afirmar que em nenhum desses textos há realmente marcas que façam referência explícita a um destinatário, quer ele esteja presente, quer esteja ausente na situação de comunicação.

Em segundo lugar, nos cinco textos em que há utilização de marcas de primeira pessoa do plural aparece uma variação de índice entre 3,85% e 11,11%, o que também poderia nos sugerir que há aí uma referência explícita ao destinatário. Entretanto, examinando-se esses textos, verificamos que essas marcas apresentam um valor genérico, universal, incluindo não um destinatário específico, mas sim um ou outro conjunto de destinatários mais ou menos genéricos, como a humanidade, o conjunto de leitores, o conjunto de jornalistas, por exemplo, conforme podemos atestar no trecho "O personagem é humano, como qualquer um de nós" (B.9.).

Em relação à utilização de frases não-declarativas, nesse grupo de textos, observamos que nenhum deles apresenta frases imperativas, enquanto apenas um texto, ou 10% do total, apresenta exclamativas, com um índice de freqüência de 1,89%, enquanto apenas dois, ou 20% deles, apresentam interrogativas, com um índice de freqüência entre 7,55% e 11,11%. Também aqui, essa freqüência relativamente alta poderia nos induzir a considerar que temos referência explícita aos parâmetros da situação de produção. Entretanto, examinando-se essas ocorrências mais detidamente, observamos que a única exclamativa que aí ocorre apenas reforça uma das idéias contidas no texto lido. As interrogativas, por sua vez, se apresentam, não como questões reais dirigidas a um destinatário particular, mas como questões retóricas, conforme se pode verificar no trecho abaixo:

> Há então uma guerra entre a linguagem e o poeta? Mas como se o poeta é apaixonado pela linguagem? Como diz o próprio autor, será que existe amor sem masoquismo ou sadismo? (C.8.)

Dessa forma, podemos afirmar que também em relação à utilização das frases não-declarativas não se evidencia uma referência explícita aos parâmetros da situação de comunicação.

Portanto, dado o que levantamos até aqui, podemos afirmar que os dez textos mencionados se apresentam como basicamente constituídos por segmentos de discurso nos quais se constrói um mundo discursivo autônomo em relação à situação de comunicação, conforme definido por Bronckart (1994b), embora, em alguns deles, possam ser encontrados segmentos de discurso misto, correspondentes aos segmentos em que as frases não-declarativas se encontram presentes e que evidenciam uma intenção de atingir um destinatário.

1.2 As unidades que indicam conjunção ou disjunção do mundo discursivo em relação ao mundo da situação de comunicação

Em todos os dez textos do primeiro grupo o presente do indicativo é o tempo predominante[1], numa variação que vai de 42,31% a 90,70%. O perfeito do indicativo, por sua vez, aparece em seis desses textos, ou em 60% do total, numa variação de freqüência bastante grande, entre 1,89% e 30%, embora apenas em dois deles o índice de freqüência esteja acima de 5% (B.7. e F.3.), sendo, portanto, um tempo verbal que aparece aqui de forma restrita. Já o imperfeito e o futuro perifrástico com o auxiliar IR não aparecem em nenhum dos textos.

Portanto, o exame da freqüência dos tempos verbais nos permite prever que, nos textos desse grupo, não encontraremos nenhum segmento da ordem do NARRAR, visto que é o par perfeito-imperfeito que caracteriza os discursos dessa ordem. Ao lado disso, a alta freqüência do presente do indicativo nos leva a concluir que esses textos são basicamente constituídos por segmentos de discurso da ordem do EXPOR, isto é, por segmentos nos quais se constrói um mundo discursivo conjunto ao da situação de comunicação. Resta observar ainda que os dez textos desse grupo se caracterizam por não utilizarem nenhuma das formas do futuro perifrástico com IR, o que marcaria também a autonomia em relação à situação de comunicação.

Dessa forma, se há, por um lado, através das freqüências das unidades dêiticas, a indicação de que temos aí segmentos de discursos autônomos e, por outro lado, através das freqüências dos tempos verbais, a indicação de que temos segmentos de discursos conjuntos, concluímos que esses textos são construídos basicamente por segmentos de discurso teórico, o que nos leva a considerá-los como pertencentes a um mesmo grupo. Esse grupo será chamado de *grupo mais teórico* ou de *GT*, de forma resumida. A adjunção do advérbio *mais* ao nome dado a esse grupo justifica-se pelo fato de que admitimos que dificilmente encontramos aí um texto constituído por segmentos de discurso teórico puro. Portanto, eles são considerados como mais teóricos em relação aos outros grupos de textos.

Como exemplo de texto desse grupo, podemos considerar o texto B.3., construído a partir da leitura do texto "Cultura de massa e 'níveis' de cultura", de Umberto Eco:

Apocalípticos e integrados
Nome da diarista
2/09/91

> Surge a escrita, esta registrará o passado e o presente, vinculará informações. Surge uma nova instância de poder.
> A sociedade se divide em níveis. A cultura se subdivide em tipos e graus.

Se tomamos a cultura de massa como uma produção feita por uma elite (econômica), para uma camada "inferior", como sendo produto de uma elite e consumo da massa, temos a extensão da relação de poder citada acima.

A sociedade foi dividida economicamente e a partir desta divisão há a distinção entre tipos de cultura.

Em qualquer grupo a produção cultural tem variações e tenderá sempre à mais rica diversidade, porém há "modelos" aceitos e escolhidos para se sobressaírem dos outros, há "modelos" reservados ao reconhecimento futuro, há também os que nascem mortos.

Nenhuma sociedade ou grupo social é mudo, mas os homens mais simples, aqueles que têm maiores dificuldades de sobrevivência, acostumados a receber e a consumir cultura de massa, acostumam-se também a repetir aquilo que lhe é imediato e bombardeado, esquecendo-se então de dizer pela própria voz.

A voz da massa, sem que ela saiba, se transforma no poder de consumo e no direcionamento que acaba dando ao mercado.

2. Segundo grupo

2.1 As unidades que indicam implicação dos parâmetros da situação de comunicação

Ao contrário do grupo mais teórico, anteriormente descrito, um segundo grupo de diários, que constitui a maior parte de nossos dados, em número de sessenta e nove, ou 87,34% do total, se caracteriza exatamente por apresentar, de uma forma ou de outra, em menor ou maior grau, unidades que tipicamente remetem explicitamente aos parâmetros da situação de comunicação.

Todos eles apresentam marcas da primeira pessoa do singular, embora com uma variação bastante grande, indo de 2,04% a 69,05% no primeiro subgrupo, e de 2,33% a 60,87% no segundo. Dessa forma, consideramos que todos, em maior ou menor grau, são constituídos por segmentos de discurso que fazem referência à situação de comunicação. Examinando-se os contextos em que as marcas de primeira pessoa estão presentes, podemos dizer que elas surgem em contextos bastante variados, fundamentalmente nos seguintes:

– com verbos de julgamento, especialmente com o verbo *achar*;
– com verbos de dizer, indicando o ato de linguagem realizado, tais como *confessar, dizer, perguntar, concluir, concordar, propor, reafirmar, fazer comentário, fazer observação*, etc.;
– com verbos que indicam operações cognitivas, como *lembrar, saber, vir à cabeça, perceber, ver-se, sentir-se*, etc.;
– com diferentes auxiliares modais, como *querer, dever* e *poder*;
– com verbos de ação em geral, mas de ações relacionadas ao processo de leitura;
– com verbos de estado.

Nesse conjunto de diários, podemos distinguir dois subgrupos pelo fato de que, no primeiro deles, com um total de vinte e seis textos, ou 32,61% do total dos dados analisados, há unidades lingüísticas referentes ao destinatário, com uma variação entre 1,25% e 7,69%, enquanto no segundo grupo, com um total de quarenta e três textos, ou 54,43% do total, essas unidades estão ausentes, o que nos permite, provisoriamente, mesmo antes de definir a conjunção ou disjunção com a situação de comunicação, denominá-los, respectivamente, de *grupo com marcas de destinatário (GICD)* e *grupo sem marcas de destinatário (GISD)*.

A diferença apontada entre os dois grupos pode ser observada nos dois textos abaixo, que são exemplos, respectivamente, do grupo com marcas de destinatário e do grupo sem marcas de destinatário.

Diário C.1.
Nome da diarista
Texto: "Os diferentes estilos"

Já experimentei algumas vezes ouvir de várias pessoas diferentes a narração do mesmo fato. Aconteceu, mais ou menos, como no texto: cada um, profundamente influenciado por sua própria circunstância, relatou a história de uma maneira.

Às vezes, era difícil até reconhecer a história. É incrível como detalhes que passaram desapercebidos por mim tomaram grandes dimensões para outra pessoa. É como se no momento da narração, cada um estivesse contando também um pouco da sua história. No meio daquele fato alheio e distante parece que sempre cabe um pouquinho de nós mesmos. Pensando bem, essa atitude é involuntária. É impossível ser simplesmente objetivo e imparcial (sonho ingênuo de alguém que se pretende jornalista). Tudo que dizemos ou fazemos tem sempre a nossa "marca"!

O texto chama atenção para essa diversidade de maneiras de se contar um fato. O que é interessantíssimo e deve ser examinado com curiosidade. A impressão que tenho é que é possível através das palavras de uma determinada pessoa, ver a sua "cara". Com um pouquinho de observação você já sabe quem ela é. Nesse momento qualquer um é reconhecido e desmascarado. Lembram daquele episódio com Paulo Maluf? Ao ser indagado sobre o que pensava sobre os crimes sexuais contra as mulheres, ele concluiu "brilhantemente": "Estupra mas não mata". Precisava dizer mais alguma coisa? Adiantava se desculpar?

O que eu estou tentando dizer é que existem situações em que o indivíduo se expõe de uma tal maneira, que fica difícil reconstruir a máscara! As palavras são perfeitos bisturis: abrem a pessoa ao meio e mostram o que ela tem por dentro.

É complicado mas bastante importante pensar sobre isso. Principalmente para que se perca a ingenuidade e se consiga, daqui pra frente, não se enganar tanto com as pessoas!

Diário E.3.
Nome da diarista
11/09/91
Texto: "Cultura de massa e 'níveis' de cultura", da obra Apocalípticos e integrados, de Umberto Eco.

Respirei fundo algumas vezes antes de começar a ler este texto. Por que o medo? De Umberto Eco, famoso escritor italiano por sua profundidade de pensamentos. Ou seja, percebi que me esperava um texto difícil. O jeito era começar.

Surpreende-me, entretanto. Talvez isso ocorra por uma dependência do jeito que está nossa cabeça no momento em que iniciamos a leitura. Provavelmente o primeiro contato com "Apocalípticos e integrados", através da leitura de sua introdução, tenha me deixado um pouco assustada.

Desta vez, entretanto, a leitura está transcorrendo sem problemas. Certamente por já conhecer um pouco sobre o assunto. Apesar da especialidade de seus termos, podemos compreender, as idéias centrais do texto do autor. Além disso, suas explanações divididas em itens demonstram um caráter até mesmo didático.

Toda modificação é crise do modelo anterior. É claro, como assim foram todas as revoluções históricas. Crise pois gera nova adaptação. Vivemos em crise toda a nossa vida, readaptando-nos às diferentes situações que surgem.

Raízes aristocráticas: crítica-forte. A cultura de massa traz raízes de elite pois é utilizada como instrumento de dominação frente aos setores dominados, que tornam-se cativos muitas vezes sem perceber esta dominação.

Discordo, entretanto, com as afirmações de que a cultura de massa é sempre prejudicial. Como levar um indivíduo faminto, maltrapilho, a apreciar um bom vinho francês, ouvindo música erudita, se a caixa de fósforos para batucar, o samba e a cachaça são a sua realidade?

Execrada ou defendida (são estes os pontos altos do texto), a cultura de massa é um caminho expressivo em termos de dominação, pela manutenção de grupos econômicos que visam fins lucrativos. Há maneira mais fácil de conduzir uma nação do que estando ela alienada? Todos os argumentos, entretanto, voltam-se para um ciclo vicioso. Difícil buscar soluções para o caso de uma luta de classes que sempre existiu, e deve continuar existindo.

Examinando-se todas as ocorrências da segunda pessoa no grupo com marcas de destinatário, observamos que elas se apresentam com valores diversos. Em primeiro lugar, podemos ter uma referência vaga a um destinatário, em frases imperativas, sem que este seja particularmente definido, como ocorre em enunciados do tipo: "Sabe, hoje..." (D.8.), "Imagine um homem se transformando em vaca..." (H.3.). Em segundo lugar, também com imperativas, as formas verbais em segunda pessoa podem indicar uma planificação da própria ação do locutor, não se tendo aqui, portanto, o objetivo de atingir um destinatário externo, mas a si mesmo, como em: "Pronto, chega" (A.5.). Em terceiro lugar, as marcas de segunda pessoa podem fazer referência a um destinatário não presente na situação de comunicação, representado, que tanto pode ser o autor do texto lido como um amigo ou a personificação de uma idéia, como temos, respectivamente, nos exemplos "Parabéns, Paulo, você passou no teste" (G.8.), "Andrea, tô com saudade de você!" (A.5.), "Por favor, Paixão, venha" (G.8.). Finalmente, encontramos marcas de segunda pessoa que remetem claramente ao destinatário real, marcas essas que se encontram presentes em oito dos textos, ou em 9,87% do total, e que se encontram, sobretudo, em frases interrogativas ou imperativas, como nos exemplos "Já reparou que eu estou fazendo que nem ele faz?" (F.8.), "E saiba, professora, que adorei fazer esse texto" (J.1.).

Em relação às unidades de primeira pessoa do plural, elas se encontram presentes em dezesseis dos vinte e seis textos do grupo com marcas do destinatário, ou 61,53%, numa variação entre 1,37% e 17,39%, enquanto aparece em vinte e cinco dos quarenta e três textos do grupo sem essas marcas, ou 58,13%, numa variação entre 1,52% e 44,44%. O exame qualitativo dessas unidades nos mostra que também elas se apresentam aqui com um valor duplo: ora aparecem com valor genérico, referindo-se a um destinatário universal, ora referem-se aos agentes envolvidos na situação de comunicação, como em "Que bom que conseguimos transferir a aula..." (J.1.). Quanto aos dêiticos temporais e espaciais, observamos que há uma tendência maior de sua utilização nos textos do grupo com marcas de destinatário, pois nele encontramos dezoito textos, ou 69,23% do grupo, em que essas unidades estão presentes, numa variação entre 1,25% e 15,38%, enquanto no grupo sem marcas do destinatário eles são encontrados em vinte e um textos, ou 48,83% do total do grupo, numa variação entre 0,81% e 10%.

Quanto à utilização de frases não-declarativas, verificamos que nos textos do grupo com marcas de destinatário há uma tendência maior a utilizá-las, de modo geral. Assim, as interrogativas estão presentes em dezoito textos, ou 69,23% dos textos, numa variação entre 1,25% e 14,29%, enquanto no grupo sem marcas de destinatário elas ocorrem em vinte e oito textos, ou 65,11%, numa variação entre 1,30% e 14,29%. Examinando-se os segmentos de textos em que as interrogativas aparecem, verificamos que, além da função retórica já observada em relação ao grupo mais teórico, nesses dois subgrupos outras funções bem diferentes aparecem, que permitem classificá-las em três grandes grupos: as que são referentes ao texto lido, as que são referentes ao próprio discurso dos locutores-enunciadores e que revelam uma atividade metadiscursiva, e as que se re-ferem a processos cognitivos. Entre as primeiras, temos:

– refutação a uma afirmação do autor do texto que é objeto de leitura: "Excesso de trabalho? Quem trabalha mesmo é a empresária" (E.6.);
– dúvida sobre algum significado do texto lido: "por que 'Dénouément'? O que isto significa?" (D.9.);
– colocação de uma alternativa possível ao discurso do autor do texto lido: "*Os diferentes estilos* (grifo meu). P.M.C. Ou seriam as diferentes solitudes?" (A.1.).

Em relação ao próprio discurso, as interrogativas podem expressar:

– dúvida quanto à correção ou adequação, em diferentes níveis, desde questões de ortografia até questões semânticas e textuais: "tem piripaques e xiliques (é com x ou ch?)" (I.6.); "Sintaxe é o estudo das (...) Será que é isso mesmo?" (I.2.); "Será que estou sendo contraditória?" (D.2.);

– alternativa ou complementação ao próprio discurso, caso esse em que uma expressão é colocada sob a forma interrogativa e entre parênteses: "Conclusivamente ele (o socialismo) é eterno (utópico?)" (A.6.).

Finalmente, as interrogações que se voltam para processos cognitivos podem se referir:

– aos processos desenvolvidos pelo autor do texto lido: "Será que ele escreve sem pensar e só depois vai olhar o que escreve?" (F.9.);
– aos processos cognitivos do próprio locutor: "Será que não presto a devida atenção?" (D.4.).

Em relação às frases exclamativas, verificamos que elas estão presentes em dezesseis, ou 61,53%, dos textos do grupo com marcas do destinatário, numa variação entre 1,82% e 43,59%, enquanto no grupo sem marcas esse índice é menor, isto é, elas ocorrem em vinte e um, ou em 48,83%, dos textos desse grupo, numa variação entre 1,33% e 19,05%. Semelhantemente às interrogativas, as exclamativas, de forma geral, evidenciam dois tipos de reações básicas: reações ao texto lido e reações ao próprio discurso. Em relação ao texto lido, essas reações podem ser de crítica ou aprovação, como se pode ver nos exemplos: "Ai, que horror! Mulatos punheteiros!" (I.6.); "Gostei do estilo Nelson Rodrigues. Usava gravata de bolinhas azuis e morreu!" (I.1.).

Quanto às reações ao próprio discurso, as exclamativas podem expressar autocrítica ou reforço de algum dizer anterior, tal como se vê nos exemplos a seguir:

> Transformou-se quase em poesia as palavras (na minha opinião). Isso é pleonasmo, pois, se o diário é meu, só pode ser na minha opinião!!! (H.7.)
> Quando José Genoíno acusa Leandro de ter uma análise limitada, acho que está quase que fazendo o mesmo (não estou afirmando!). (H.7.)

Em relação às imperativas, observa-se que sua presença é significativamente maior no grupo com marcas de destinatário, pois elas se encontram presentes em dezesseis, ou 61,53%, dos textos desse grupo, numa variação entre 0,53% e 5,56%, enquanto no grupo sem marcas de destinatário elas aparecem apenas em dois, ou 4,65%, dos textos, com índices de 3,13% e 3,45%. Também no aspecto qualitativo, nota-se uma diferença entre os dois grupos, pois, enquanto nos segmentos dos textos do grupo sem marcas de destinatário as imperativas servem, sobretudo, como planificação da ação do próprio locutor, nos segmentos dos textos do grupo com marcas elas assumem a sua função própria de fazer agir o destinatário real ou imaginário, conforme já vimos ao examinar o emprego das marcas de segunda pessoa.

Portanto, podemos afirmar que os textos do grupo com marcas de destinatário apresentam, de forma geral, uma tendência a apresentar mais constantemente as diferentes unidades lingüísticas que implicam os parâmetros da situação de comunicação.

2.2 As unidades que indicam conjunção ou disjunção do mundo discursivo em relação ao mundo da situação de comunicação

A primeira observação a se fazer é que, em quase todos os textos dos dois grupos, encontramos predominância do presente do indicativo, com uma variação entre 26,19% e 65,22% para o grupo com marcas de destinatário, e uma variação entre 20% e 73,91% para o grupo sem marcas de destinatário. Como exceção a essa predominância do presente, encontramos dois textos, J.2. (do GICD) e J.5. (do GISD), que se caracterizam pela predominância do perfeito, e um texto, F.1. (do GISD), que se caracteriza por apresentar presente e perfeito com índices iguais. Dessa forma, consideramos que os textos dos dois subgrupos são basicamente construídos com segmentos de discurso da ordem do EXPOR.

Dada essa característica geral, aliada à forte presença das marcas de implicação dos parâmetros da situação de comunicação, admitimos que temos um grupo de textos majoritário, constituído por 87,34% dos textos analisados, que são basicamente constituídos por segmentos de discurso interativo, tal como definido pelos mesmos autores, razão pela qual os denominamos de *grupo interativo com marcas de destinatário (GICD)* e *grupo interativo sem marcas de destinatário (GISD)*.

O exame mais detalhado dos segmentos dos textos desses grupos em que o presente ocorre nos leva a verificar que esse tempo pode aparecer com o mesmo valor genérico que assume nos textos do grupo teórico, mas encontramos ainda segmentos em que o presente é utilizado de forma mais pontual, remetendo à simultaneidade entre o processo enunciado e o momento da produção.

Em relação à utilização das formas do perfeito, nos dois grupos mais interativos, observamos que esse tempo verbal ocorre em quase todos os textos, isto é, em vinte e quatro, ou 92,30%, dos textos do grupo com marcas de destinatário, numa variação entre 4,35% e 50%; e em quarenta, ou 93,02%, do grupo sem essas marcas, numa variação entre 2,70% e 36,36%. Nos dois grupos ainda, o imperfeito ocorre em dezoito dos textos, ou 69,23%, do grupo com marcas de destinatário, numa variação entre 1,39% e 13,70%; e em vinte e seis, ou 60,46%, do grupo sem essas marcas, numa variação entre 1,30% e 28,57%. Pode-se prever, portanto, que nos textos dos dois subgrupos poderemos encontrar pequenos segmentos constituídos como discursos da ordem do NARRAR, caracterizados pela ocorrência do par perfeito-imperfeito.

De fato, examinando-se alguns dos segmentos de textos que apresentam essas unidades, verificamos que eles se caracterizam como pequenos relatos interativos, cuja origem temporal aparece de forma mais ou menos clara, com a utilização de organizadores temporais específicos, tais como nos exemplos "Certa vez..."; "Há mais ou menos uma semana atrás..." (A.).

Examinando-se os textos em que só ocorrem as formas do perfeito, e não as do imperfeito, verificamos que elas funcionam de duas formas: ou isoladamente, intercaladas a enunciados com outros tempos verbais, ou em uma série de formas do perfeito, mas nos dois casos com uma predominância acentuada de sujeito de primeira pessoa, com predicados que se referem, sobretudo, às ações implicadas no processo de leitura e escrita. Assim, quando isoladas, essas formas aparecem normalmente em primeira pessoa, nos seguintes contextos:

– em enunciados metadiscursivos, nos quais o locutor avalia o próprio discurso imediatamente anterior, como em "me desviei do assunto" (I.3.);

– em enunciados que relatam, retrospectivamente, processos cognitivos desenvolvidos durante a leitura, tais como *lembrar, pensar, entender, confundir, fazer associação, dar uma pane na cabeça, vir à cabeça*;

– em enunciados que marcam etapas do processo de leitura e que, de certa forma, delimitam seqüências do texto produzido, como em "Comecei a ler...", "Cheguei ao fim...";

– em enunciados que relatam reações ao texto lido, isto é, em enunciados apreciativos, com verbos do tipo de *gostar, adorar, amar*, etc.

O que esse levantamento dos contextos do perfeito sugere é que ele vai ser encontrado sobretudo em segmentos de textos que podem ser definidos como construídos como discursos interativos organizados sob a forma de seqüências de descrição de ação, o que verificaremos mais detidamente quando tratarmos da análise dessa organização. Já dos enunciados em que a primeira pessoa não está presente, merecem destaque aqueles com os quais se atribuem determinadas ações ao autor do texto lido, e que constituem também, conforme já o dissemos, seqüências de descrição de ação, encaixadas em descrição de texto, tal como em "(ele) não mostrou suas idéias..." (G.4.). Essa última utilização do perfeito parece-me constituir uma distinção nítida entre os grupos mais interativos e o grupo mais teórico, que utiliza sempre o presente nesse caso.

Finalmente, é ainda interessante observar que, nos textos do grupo interativo com marcas de destinatário, um verbo no perfeito pode ainda se apresentar com sujeito na segunda pessoa, referindo-se ao destinatário real, configurando-se um momento da leitura do interlocutor concebido como concomitante ao momento da enunciação, tal como no exemplo "Você já reparou que estou fazendo que nem ele?" (F.9.). No segundo caso de utilização das formas do perfeito, isto é, quando há uma sucessão de formas verbais nesse tempo, verificamos que os segmentos se caracterizam como pequenas descrições das ações desenvolvidas durante o processo de leitura, tal como no trecho: "Na hora que vi este nome (me deu um frio na barriga), pensei que fosse a mesma parte que o E. mandou ler..." (F.4.). Já as formas do imperfeito que aparecem isoladamente, sem a concomitância do perfeito, surgem, notadamente, nos seguintes contextos:

– com verbos de dizer que introduzem um discurso anterior, considerado como não simultâneo ao momento da enunciação, tal como em "Tiago de Melo afirmava que..." (E.8.);
– na descrição de um discurso, quer seja verbal, quer não verbal, considerado como não simultâneo ao momento da enunciação, tal como em "O comercial mostrava..." (C.).

Finalmente, em relação à utilização do futuro perifrástico com o auxiliar IR, observamos que essa forma está presente em doze dos textos do grupo com marcas de destinatário, ou 46,15%, numa variação entre 1,41% e 9,52%; e em vinte e um dos textos do grupo sem essas marcas, ou 48,83%, numa variação entre 0,81% e 13,33%, o que nos mostra uma tendência semelhante nos dois grupos.

3. Comparação entre as médias globais de freqüência das unidades lingüísticas nos três grupos

Para efetuarmos essa comparação, examinemos, em primeiro lugar, os quadros abaixo (10 e 11), através dos quais podemos visualizar melhor as diferentes características de cada um dos grupos acima apontados. No quadro 10, inicialmente examinemos as médias globais referentes às unidades que indicam implicação dos parâmetros da situação de comunicação.

Quadro 10. Comparação das médias de freqüência das unidades que indicam implicação dos parâmetros da situação de comunicação

Textos	1ª P.S.	2ª P.	1ª P.Pl.	Dêit.T./E.	Int.	Excl.	Imp.
GT	0.00	1.72	3.56	0.00	1.87	0.19	0.00
GISD	29.44	0.00	4.82	1.88	3.29	2.95	0.15
GICD	33.58	3.62	3.69	4.10	5.41	5.04	1.63

Conforme podemos observar, as médias de quase todas essas unidades aumentam progressivamente do primeiro ao terceiro grupo, com exceção feita às marcas de segunda pessoa, cuja ausência é marca discriminativa do *grupo interativo sem marcas de destinatário*, e às marcas de primeira pessoa do plural. Esse aumento progressivo do primeiro ao terceiro dos grupos indica que vai havendo um aumento das referências feitas a esses parâmetros.

No quadro 11, examinemos as diferenças quanto às médias de freqüência dos tempos verbais nesses três grupos:

Quadro 11. Comparação entre as médias de freqüência das unidades que indicam conjunção ou disjunção com a situação de comunicação

Textos	Presente	Perfeito	Imperfeito	Futuro IR	Outros
GT	69.01	5.49	0.00	0.00	25.50
GISD	53.58	14.65	3.96	1.10	26.71
GICD	50.59	16.25	3.27	1.90	27.77

Em relação às médias de freqüência dos tempos verbais, observamos que, enquanto o presente do indicativo é relativamente mais freqüente no grupo mais teórico, o perfeito, o imperfeito e o futuro perifrástico com IR são mais freqüentes nos dois grupos interativos, que apresentam índices mais ou menos equivalentes. Finalmente, observemos as médias referentes ao número de palavras, ao número de verbos e à densidade verbal (DV) encontradas nos três grupos.

Quadro 12. Número de palavras, de verbos e densidade verbal nos três grupos

Grupos de texto	Palavras	Verbos	DV
GT	177.80	27.40	0.15
GISD	278.98	43.42	0.16
GICD	312.73	50.77	0.16

No quadro acima, podemos verificar que há um aumento progressivo da média referente à extensão dos textos e ao número de verbos, à medida que aumenta o grau de implicação dos parâmetros da situação de comunicação, enquanto a densidade verbal não varia significativamente.

Concluindo este capítulo, o que podemos ressaltar é que a análise quantitativa das unidades lingüísticas nos permite obter um quadro global dos textos produzidos, embora uma análise mais qualitativa nos permita apurar essa visão global. Além disso, a análise nos mostra que, apesar da heterogeneidade apontada, há uma homogeneidade subjacente, na medida em que todos os textos produzidos são construídos com segmentos de discurso da ordem do EXPOR e que a grande maioria apresenta segmentos de discurso interativo, em maior ou menor grau, conforme podemos ver no quadro abaixo:

Quadro 13. Classificação dos textos de acordo com a referência aos parâmetros da situação de comunicação

Textos	Número	Porcentagem
mais teórico	10	12,65%
interativo	69	87,34%
Total	79	

No grupo interativo majoritário, por sua vez, predominam nitidamente os textos que se constroem sem referências explícitas ao destinatário, sobretudo se lembrarmos o fato que já apontamos de que apenas 9,87% dos textos fazem referências ao destinatário real. O quadro a seguir, sem levar em conta o exame qualitativo, aponta-nos essa tendência majoritária.

Quadro 14. Subdivisão do grupo mais interativo

Textos interativos	Quantidade	% em relação ao total	% em relação ao GT
SD	43	54,43%	62,31%
CD	26	32,91%	37,67%
Total	69		

A partir da análise que apresentamos neste capítulo e de seu relacionamento com as outras análises, buscaremos chegar a uma interpretação desses resultados em nossas conclusões, que se seguirão à análise da organização seqüencial e do plano de texto apresentado no próximo capítulo.

Capítulo 7 **A organização seqüencial e os planos de texto**

Este capítulo tem por objetivo apresentar as diferentes formas de plano global de texto e de organização seqüencial encontradas nos três grupos de diários identificados pelo levantamento das unidades lingüísticas. A apresentação dessa análise se fará em três partes consecutivas. Na primeira parte, será apresentada a análise dos três diários que são considerados como representativos do grupo de textos teóricos; na segunda, os três do grupo interativo que apresentam marcas do destinatário e, finalmente, na terceira, os três do grupo interativo que não apresentam essas marcas. Cada diário será reproduzido e analisado, primeiramente, em termos do plano global de texto que o caracteriza, e, subseqüentemente, em termos da organização seqüencial, buscando-se, ao final, estabelecer uma comparação entre esses dois níveis de organização. Embora a análise seja bastante minuciosa, a sua apresentação completa tem por objetivo auxiliar outros profissionais que queiram utilizar a teoria adotada para fins didáticos ou de pesquisa.

1. Diários do grupo mais teórico

Os três textos submetidos à análise foram o diário A.8., o diário B.8. e o diário C.8., todos eles produzidos a partir da leitura do texto "Poesia: a paixão da linguagem", de Paulo Leminski. O primeiro deles é o que se segue:

> Um exercício necessário, uma sede abstrata
> (1) A poesia apaixonada de Leminski é uma necessidade, fome de linguagem. Da linguagem que traduz e revela o mundo, integra as partes e as torna eternas, mesmo que confinadas em uma biblioteca.
> (2) A poesia que foge dos poros de quem se encanta é concretização. Os hiatos das figuras de linguagem confinam, invariavelmente, algo de quem a lê. Um poema depois de feito não pertence mais ao seu autor. A variedade de interpretações é aberta e acolhedora, ao mesmo tempo em que traz uma voz tão particular e solitária que precisou ser dita. Um pouco de magia pessoal, do indivíduo, uno, solitário em sua condição de alma.
> (3) A poesia é um exercício de coragem, pois aquele que se expõe é sujeito. Da mesma forma que lê e se deixa reconhecer, o outro não é o mesmo. Quem conhece não é o mesmo e feliz é quem cresce, como convém.
> (4) Mas a poesia é forma, som, cor e sentido. Versão que proclama sua independência a cada linha, rebelde. Nada pode apagar o que o autor já viu como seu. Seu papel concretiza, eterniza, visualiza e enfim seduz.
> (5) Seduz porque é de ninguém e pode ser de todos. Porque seus contornos podem ser leves ou ásperos; seu som confortável ou agressivo; sua cor um mistério sensível...
> (6) E o mistério permite a existência do mito, tão necessário e presente.

(7) A argumentação do poeta é sempre a mais bela, sedutora e justa para aquele que lê compartilhando seu universo; para aquele que se reconhece, seja numa atitude, num gesto, numa letra, no vazio.

O plano de texto deste diário, ao contrário do da imensa maioria, caracteriza-se, já no título que o introduz, por um certo distanciamento em relação ao texto que foi lido. O que queremos dizer com isso é que, na maior parte dos diários, o cabeçalho já indica, de uma maneira ou de outra, que o diário se refere a outro texto, visto que aí normalmente se coloca o título deste último. No diário A.8., entretanto, não há esse indicador da intertextualidade, aparecendo o título "Um exercício necessário, uma sede abstrata", que, conforme se pode verificar, está de acordo com os conteúdos que a diarista desenvolve. De fato, este diário foge totalmente ao que se espera, dadas as instruções iniciais, visto que não se desenvolve explicitamente nem sobre o processo de leitura, nem sobre o conteúdo, nem sobre a forma do texto lido. Este parece ser apenas um pretexto para desencadear as reflexões pessoais da diarista sobre o tema-título do texto lido.

Ainda em relação ao plano textual, notamos que há poucas unidades que podem ser caracterizadas como indicadores de suas diferentes partes, podendo-se efetuar sua depreensão sobretudo pelos indicadores de ordem semântica, isto é, pelos diferentes temas que vão sendo colocados e, em certa medida, pela divisão em parágrafos. Podemos dizer que o texto se desenvolve em três partes básicas: na primeira, constituída pelo primeiro parágrafo, desenvolve-se o comentário sobre o tema "a poesia de Leminski"; na segunda, do segundo ao sexto parágrafo, generaliza-se, passando-se a tratar da *poesia* em geral, e mantendo-se, assim, o tema próprio da primeira proposição, numa sucessão de asserções que se justapõem e que retomam esse mesmo tema. Finalmente, a terceira parte, constituída pelo sétimo parágrafo, toma como tema a "argumentação do poeta". Esquematicamente, portanto, temos:

Quadro 15. Plano global do diário A.8.

	1ª Parte	2ª Parte	3ª Parte
Parágrafos	1	2-3-4-5-6	7

Em relação à organização seqüencial deste diário, verificamos que, em primeiro lugar, o título dado não procede a uma ancoragem precisa de um tema, colocando o leitor na expectativa do que se seguirá. A ancoragem do primeiro tema, na verdade, processa-se no primeiro parágrafo (*a poesia de Leminski*), seguindo-se imediatamente a ela duas reformulações (*é uma necessidade, fome de linguagem*). A seguir, processa-se uma subtematização de *linguagem* e uma atribuição de determinadas propriedades funcionais a ela, através da operação de aspectualização (*traduz, revela o mundo, integra as partes*). A ocorrência dessas operações, assim como a ausência de uma aspectualização que indique as partes constitutivas do todo, nos leva a dizer, conforme argumentamos no capítulo teórico referente à organização seqüencial, que estamos aí diante de um fragmento de seqüência descritiva. A quase repetição do título, nesse primeiro parágrafo, induz o leitor a crer que o tema global do texto será *a poesia de Leminski*, hipótese essa que não se confirma, devido à mudança de tema efetuada no segundo parágrafo. Assim, uma primeira segmentação se faz necessária aqui. Temos, então, um primeiro fragmento de seqüência descritiva, que pode ser representado da seguinte forma:

Quadro 16. Primeira seqüência do diário A.8.[1]

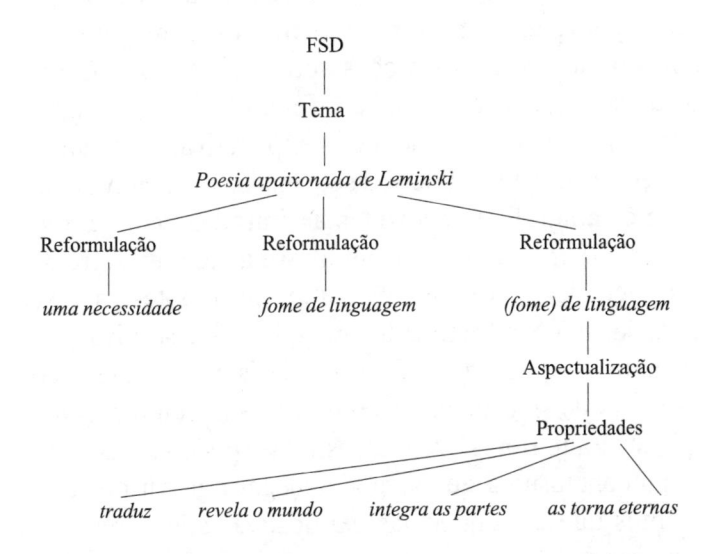

```
                              FSD
                               |
                              Tema
                               |
                  Poesia apaixonada de Leminski
                               |
         ┌─────────────────────┼─────────────────────┐
    Reformulação          Reformulação           Reformulação
         |                     |                      |
  uma necessidade      fome de linguagem     (fome) de linguagem
                                                      |
                                              Aspectualização
                                                      |
                                              Propriedades
                    ┌──────────┬──────────────┬──────────┐
                 traduz   revela o mundo  integra as partes  as torna eternas
```

No segundo parágrafo, inicia-se nova seqüência, uma vez que novo tema é colocado (*a poesia que foge dos poros de quem se encanta*), sobre a qual se faz uma asserção (*é concretização*), que, a seguir, é explicada pelo restante do parágrafo. Dessa forma, temos uma seqüência explicativa, cuja fase de problematização se encontra implícita, e que pode ser representada da seguinte forma:

Quadro 17. Segunda seqüência do diário A.8.

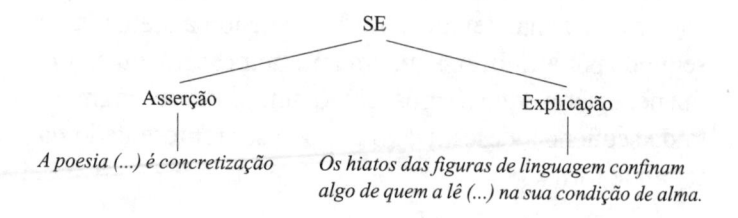

```
                        SE
              ┌──────────┴──────────┐
          Asserção              Explicação
              │                     │
   A poesia (...) é concretização   Os hiatos das figuras de linguagem confinam
                                    algo de quem a lê (...) na sua condição de alma.
```

As três seqüências que se sucedem, do terceiro ao sexto parágrafo, apresentam a mesma configuração, constituindo-se de asserções sobre o tema *poesia*, às quais se seguem explicações. Temos, assim, até aqui, uma série de quatro seqüências explicativas, coordenadas entre si. Ao final dessas seqüências explicativas, no último parágrafo, um novo tema é introduzido – *a argumentação do poeta* –, atribuindo-se a ele uma série de propriedades. Poderíamos aqui ter por hipótese que se trata de um novo fragmento de seqüência descritiva. Entretanto, esse tipo de análise não daria conta da relação estreita que se estabelece entre esse segmento e as seqüências anteriores. De fato, essa fase pode ser vista como a conclusão a que se pode chegar a partir dos elementos que as seqüências explicativas anteriores fornecem ao leitor. Dessa forma, consideramos que estas funcionam como a fase de dados para uma seqüência argumentativa de nível superior, cuja conclusão aparece no último parágrafo. Assim, em termos da organização seqüencial, o texto pode ser representado da seguinte forma:

Quadro 18. Primeira hipótese sobre a organização seqüencial do diário A.8.

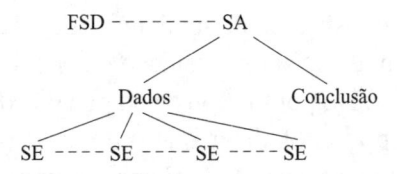

```
        FSD --------- SA
                    /    \
                Dados     Conclusão
              /  |   \  
        SE ---- SE ---- SE ---- SE
```

Esse esquema, entretanto, não nos parece adequado, pois coloca o problema da relação entre o que denominamos de FSD (fragmento de seqüência descritiva de texto) e a seqüência argumentativa. Pelo esquema, esse fragmento se apresenta como um segmento simplesmente justaposto à seqüência argumentativa, não se evidenciando a relação mais estreita que ele mantém com essa seqüência, uma vez que é a partir da generalização que se efetua de seu tema que o restante da seqüência se desenvolve. Dessa forma, consideramos necessário admitir que, na realização das seqüências argumentativas em textos reais, podem ocorrer fases introdutórias à seqüência propriamente dita. Se assim o admitirmos, a modificação do esquema acima se torna necessária, com o que obteremos a seguinte representação:

Quadro 19. A organização seqüencial do diário A.8.

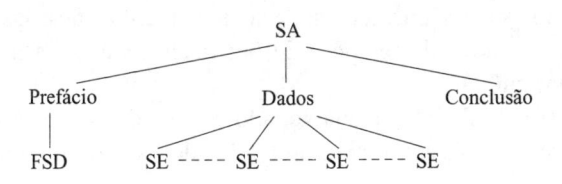

```
                    SA
                    |
       Prefácio   Dados        Conclusão
          |      /  |   \
         FSD   SE ---- SE ---- SE ---- SE
```

A primeira observação que podemos fazer a respeito deste texto, a partir dessa análise, é que temos aí, do ponto de vista da organização seqüencial, um texto heterogêneo, constituído de seqüências de diferentes tipos, que mantêm entre si uma relação de encaixamento e de coordenação. Do ponto de vista do plano textual, fica evidente que podemos dizer que o texto se organiza globalmente sob a forma de seqüência argumentativa, embora essa organização não se manifeste explicitamente através dos organizadores textuais típicos da argumentação. Pode-se dizer ainda que, conforme verificamos, as diferentes partes que identificamos no plano global correspondem exatamente às fases da seqüência argumentativa que são encontradas no texto.

Assim, embora este texto seja o que mais apresenta características de discurso teórico, do ponto de vista das unidades lingüísticas aí presentes, ele constitui, na verdade, um conjunto de segmentos de discurso misto, teórico-interativo, dada a presença das seqüências explicativas e da seqüência argumentativa.

O segundo texto analisado deste grupo foi o diário B.8., que é o seguinte:

(1) A paixão é inerente ao homem em tudo.
(2) "A paixão é incompatível com o tempo urbano-industrial."
(3) O tempo e a vida da metrópole são uma louca paixão. Uma sucessão irracional de acontecimentos, pessoas correndo atrás do tempo e do ônus sem parar para pensar por quê.
(4) O trabalhador apaixonado pode cair do 8º andar e "morrer na contramão atrapalhando" a vida urbano-industrial.

(5) A paixão só pode ser pensada por pensamento selvagem. Na Universidade, chama-se e esta não vem. A poesia é a linguagem da paixão, "não te dá nada em troca", te tira muitas vezes, do seu canto, calado.

Conforme podemos observar, este diário se desenvolve em cinco pequenos parágrafos, todos eles, de alguma forma, referentes ao tema "paixão", tema este que também está presente não só no título do texto lido como na sua parte inicial. Assim, ao contrário do diário anteriormente analisado, no diário B.8., o texto lido se encontra visivelmente presente, sobretudo para os destinatários que se encontravam na mesma situação de comunicação. Entretanto, não é o conjunto das idéias que aparece, nem seu desenvolvimento lógico, nem as teses centrais defendidas pelo autor, não se marcando o texto como sendo construído a partir de outro, isto é, não apresentando marcas explícitas de comentário ou de resumo.

Além disso, não se pode dizer que o que encontramos aí se configure como um texto propriamente dito, mas como um conjunto de frases que condensam parte do texto lido, ao lado de citações literais, nos dois casos sem referências precisas. Essas frases se apresentam soltas, sem os necessários elementos de coesão e conexão, com mudanças abruptas de tema, sem explicações para certas afirmações que não podem ser compreendidas por um destinatário que não conheça o texto que foi objeto de leitura.

Assim, a primeira parte, constituída pelos dois primeiros parágrafos, refere-se ao tema "paixão" de forma geral; a segunda parte, constituída pelos parágrafos 3 e 4, desenvolve-se a partir de uma citação literal e em torno de seu conteúdo, tomando-se *o tempo e a vida da metrópole* como tema e comentando-se suas relações com a paixão; na terceira, constituída pelo parágrafo 4, o tema passa a ser *o trabalhador apaixonado*; na quarta parte, volta-se ao tema *paixão*; e, finalmente, na quinta parte, encerra-se o texto em torno de outro tema ainda, *a poesia*. Dessa forma, a impressão que o texto provoca é a de uma extrema fragmentação, impressão essa, sem dúvida, ocasionada pela repetição sucessiva do mesmo tema próprio, pela ausência de organizadores textuais, ou pela mudança abrupta de um tema a outro.

Quanto à organização seqüencial do diário B.8., em primeiro lugar, observamos que, uma vez que não há um título próprio, é na primeira proposição que se processa uma ancoragem de um primeiro tema-título (*a paixão*), com uma subseqüente aspectualização, atribuindo-se a ele duas propriedades (*é inerente ao homem, é incompatível com o tempo urbano-industrial*), começando a se configurar uma seqüência descritiva, nos parágrafos 1 e 2. Entretanto, no terceiro parágrafo, o que se tematiza não é exatamente uma parte do tema anterior, o que não nos permite dizer que se trata de um desenvolvimento de uma seqüência descritiva. Assim, pode-se dizer que se inicia aí outra possível seqüência descritiva, na qual se tematiza *o tempo e a vida na metrópole* e se desenvolvem reformulações desse novo tema-título (*são uma louca paixão, uma sucessão irracional de acontecimentos, pessoas correndo (...) por quê*).

Novamente, no quarto parágrafo, coloca-se um novo tema (*o trabalhador apaixonado*), sem qualquer tipo de organizador que o relacione ao anterior, como se ele já tivesse sido mencionado anteriormente (cf. o uso do artigo definido), provocando, assim, um efeito de fragmentação, não se podendo considerá-lo como parte de uma possível seqüência anterior nem posterior. No quinto parágrafo, nas duas primeiras frases, o tema inicial (*a paixão*) é retomado, enunciando-se uma de suas propriedades (*só pode ser pensada por pensamento selvagem*) e características relacionadas a espaço (*Na Universidade, chama-se e esta não vem*). Entretanto, o que poderia ser visto como o início de uma seqüência descritiva é imediatamente interrompido para dar lugar a um novo tema (*a poesia*), sobre o qual se enunciam algumas propriedades, quer seja através de uma reformulação (*é a linguagem da paixão*), quer seja através de aspectualização, atribuindo-se a ela determinadas propriedades funcionais (*não te dá nada em troca, te tira muitas vezes, do seu canto, calado*). Também aqui o efeito de ruptura é produzido pela colocação sucessiva, em posição de tema, de tópicos diferentes, sem se explicitar relações lógicas. Portanto, o que temos aqui é uma série de fragmentos de seqüência descritiva, intercalados por um segmento que não apresenta nem mesmo esse estatuto, podendo então o texto ser representado da seguinte forma:

Quadro 20. A organização seqüencial do diário B.8.

FSD	FSD	XXX²	FSD	FSD

Dado que esses fragmentos se constituem como uma enumeração de algumas das partes do conteúdo do texto lido, sem uma organização seqüencial de qualquer tipo que seja, nem mesmo descritiva, pode-se afirmar que o resultado final da produção se encontra muito próximo do cognitivo, uma vez que os conteúdos mobilizados pelo locutor não sofrem uma reestruturação lingüístico-discursiva que leve em conta os parâmetros da situação de comunicação.

Contraditoriamente, quanto ao tipo de discurso construído, a ocorrência de pronomes pessoais de 2ª pessoa do singular no último segmento poderia nos levar a crer que temos aí um segmento em discurso interativo propriamente dito. Entretanto, na verdade, essas marcas de 2ª pessoa não remetem a um interlocutor real, presente na situação de enunciação, equivalendo a um *nós* genérico. Além disso, elas apenas reproduzem as marcas de enunciação presentes no texto lido. Dessa forma, pode-se dizer que a simples ocorrência dessas marcas não reflete uma real preocupação com um destinatário qualquer.

Observe-se ainda, mais uma vez, que, ao contrário do primeiro diário analisado, os temas dos diferentes segmentos não pertencem ao mesmo campo semântico e que não há seqüências explicativas encaixadas que desenvolvam os aspectos e as propriedades apontadas, o que certamente confirma que essa preocupação está ausente. Finalmente, em relação ao plano global, é evidente que não encontramos aqui nenhum sinal de organização em um plano convencional de texto.

O terceiro diário analisado foi o diário C.8., que vem reproduzido a seguir:

Texto: "A paixão pela linguagem"

(1) De repente a gente pára e pensa: – Está faltando uma paixão! É como dar com a cara na parede, é "cair na real" e perceber que está faltando se apaixonar. Não só se apaixonar por pessoas, que é delicioso, mas se apaixonar por objetivos, por sonhos, por lutas. A gente se acostumou a não se apaixonar mais, a não ir a fundo nas coisas. É genial a imagem que o autor faz do trabalhador apaixonado que cai do oitavo andar. Mostra bem que, no mundo, cabe cada vez menos paixão.

(2) Nesse sentido o poeta é um "estranho no ninho" porque é um apaixonado. Ele é um marginal em uma sociedade sem paixão. Sofre limitações e não ganha nada de material com sua poesia. A liberdade para escrever na verdade não existe, a língua o limita, a forma, os estilos, limitam e julgam a criatividade do poeta. Há então uma guerra entre a linguagem e o poeta? Mas como se o poeta é apaixonado pela linguagem? Como diz o próprio autor, será que existe amor sem masoquismo ou sadismo? Palavra e poeta se amam e se odeiam ao mesmo tempo.

(3) É meio louco de pensar essa relação amor/ódio. O poeta parece, às vezes, ser mero instrumento da linguagem mas, será? A linguagem também é instrumento do poeta, ela é o canal de escoamento de sua paixão.

(4) Retomando o ponto de que a poesia não traz recompensas materiais, o autor finaliza de uma maneira sutilmente conformada e linda: o Amor não é uma mercadoria. O Amor não é vendável, não gera empregos e não produz riquezas (materiais). Ou seja, não é útil ao nosso mundo capitalista. Deve ser por isso que ele anda tão sumido.

Em relação ao plano textual, podemos observar que este diário se desenvolve em quatro parágrafos, nos quais se faz um resumo global e linear do texto lido, embora não se observem marcas explícitas desse gênero de texto no início do diário, mas apenas em seu desenvolvimento. Assim, há uma recuperação dos conteúdos do texto lido, mas não de sua configuração enunciativa, transformando os conceitos aí emitidos em verdades universais. Por outro lado, as referências ao autor se fazem de forma imprecisa, sem a colocação de seu nome nem do título do texto lido.

O texto produzido se desenvolve em três partes básicas, que correspondem às partes sucessivas do texto lido. Na primeira parte, constituída pelo primeiro parágrafo, expressa-se a constatação da ausência de paixões na sociedade contemporânea. Na segunda parte, constituída pelo segundo e terceiro parágrafos, desenvolvem-se considerações a respeito da posição do poeta em face dessa situação e em face da linguagem. Finalmente, na terceira, constituída pelo quarto parágrafo, resume-se a última parte do texto lido, expressando-se a idéia de que, assim como a poesia, o amor não é objeto vendável, encontrando-se aí o motivo para sua falta na sociedade capitalista. Resumidamente, portanto, o plano de texto pode ser esquematizado da seguinte forma:

Quadro 21. O plano de texto do diário C.8.

	1ª Parte	2ª Parte	3ª Parte
Parágrafos	1	2-3	4

Quanto à organização seqüencial, o texto se inicia com um segmento, correspondente ao primeiro parágrafo, marcado por um organizador temporal, ao qual se seguem predicados funcionais que introduzem um discurso direto. Entretanto, não se configura aqui uma seqüência narrativa de qualquer tipo que seja. O que há é uma simples colocação de um tema (*Está faltando uma paixão!*), que, através de sucessivas paráfrases, ou quase paráfrases, vai sendo reafirmado (*está faltando se apaixonar, se apaixonar por pessoas, a gente se acostumou a não se apaixonar, a imagem que o autor faz mostra bem que, no mundo, cabe cada vez menos paixão*). Embora não tenhamos uma organização idêntica ao do protótipo da seqüência explicativa, podemos analisá-la dessa forma, uma vez que a paráfrase sucessiva parece ter exatamente essa função: a de explicar o dizer anterior. Na verdade, o parágrafo se desenvolve como uma resposta a uma questão do tipo: "O que você está querendo dizer com isso?" Assim, teríamos, esquematicamente:

Quadro 22. Primeira seqüência do diário C.8.

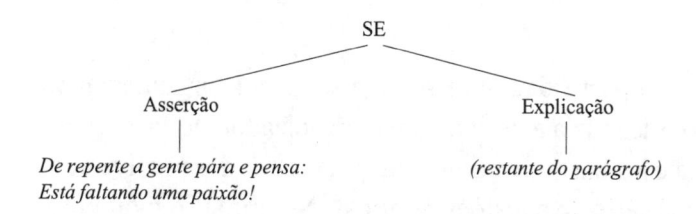

```
                    SE
           ┌─────────┴─────────┐
       Asserção              Explicação
          │                      │
De repente a gente pára e pensa:   (restante do parágrafo)
Está faltando uma paixão!
```

O segundo segmento, iniciando-se no parágrafo 2, e relacionado ao primeiro pelo organizador textual *nesse sentido*, coloca novo tema – *o poeta* –, sobre o qual se efetua uma asserção (*é um "estranho no ninho" porque é um apaixonado*), seguida de uma série de explicações encadeadas umas às outras, o que se pode resumidamente representar da seguinte forma:

Quadro 23. Segunda seqüência do diário C.8.

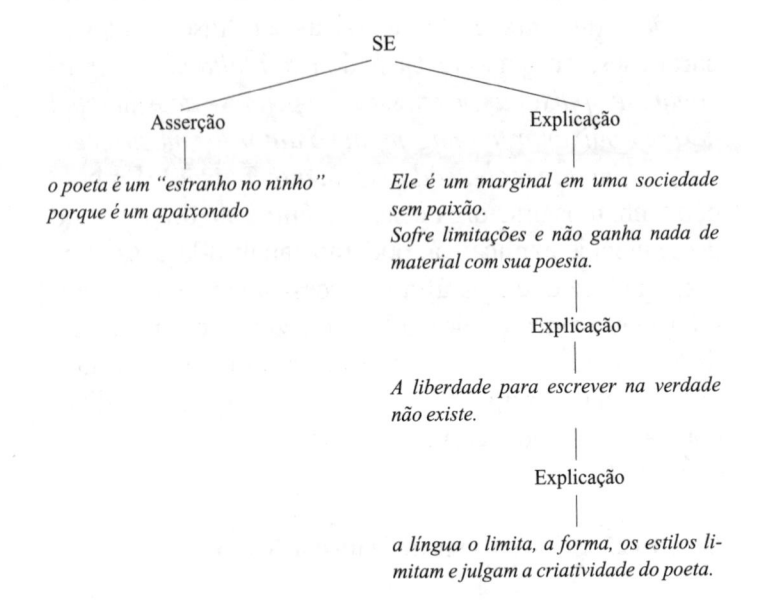

```
                        SE
            ┌────────────┴────────────┐
        Asserção                  Explicação
            │                         │
o poeta é um "estranho no ninho"  Ele é um marginal em uma sociedade
porque é um apaixonado            sem paixão.
                                  Sofre limitações e não ganha nada de
                                  material com sua poesia.
                                          │
                                      Explicação
                                          │
                                  A liberdade para escrever na verdade
                                  não existe.
                                          │
                                      Explicação
                                          │
                                  a língua o limita, a forma, os estilos li-
                                  mitam e julgam a criatividade do poeta.
```

A partir daí, abre-se uma seqüência argumentativa coordenada à anterior, com o organizador *então*, seqüência essa bastante complexa, pois ela se desenvolve com uma série de questões retóricas. No primeiro momento, tomam-se as três proposições anteriores (*a língua o limita, a forma, os estilos limitam e julgam a criatividade do poeta*), que funcionam como explicações da seqüência explicativa anterior, como dados para uma possível tese anterior, mas colocando-se essa tese em suspenso, na forma de uma interrogativa (*Há então uma guerra entre a linguagem e o poeta?*). Entretanto, essa tese é logo a seguir descartada, colocando-se uma outra questão marcada pelo orientador argumentativo *mas* (*Mas como* [há guerra?]), que encaminha para outra tese, contrária à anterior, para a qual se coloca o dado "o poeta é apaixonado pela linguagem" e a premissa "Como diz o próprio autor, será que existe amor sem masoquismo ou sadismo?", o que encaminha para a conclusão "Palavra e poeta se amam e se odeiam ao mesmo tempo". Assim, podemos representar essa seqüência argumentativa da seguinte forma:

Quadro 24. Terceira seqüência do diário C.8.

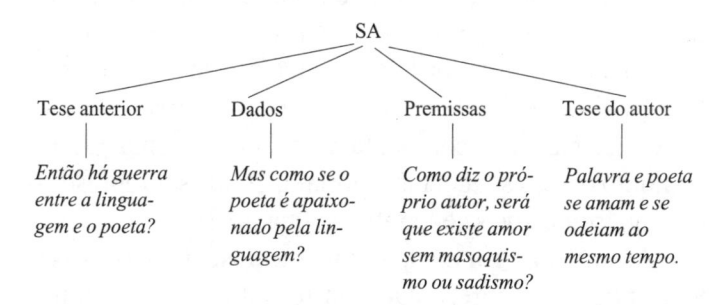

```
                           SA
        ┌───────────┬───────────┬───────────┐
   Tese anterior   Dados    Premissas   Tese do autor
        │           │           │           │
  Então há guerra  Mas como se o  Como diz o pró-  Palavra e poeta
  entre a lingua-  poeta é apaixo-  prio autor, será  se amam e se
  gem e o poeta?   nado pela lin-   que existe amor  odeiam ao
                   guagem?          sem masoquis-   mesmo tempo.
                                    mo ou sadismo?
```

No terceiro parágrafo, inicia-se uma nova seqüência explicativa, através da qual se explica o comentário que se faz sobre a tese final da seqüência argumentativa anterior, motivo pelo qual a consideramos como justaposta. Assim, o esquema dessa seqüência é o que se encontra no quadro 25.

Finalmente, o último segmento se inicia como um fragmento de descrição de parte do texto lido (FSDT), que se realiza sob a forma de uma seqüência de descrição de ações atribuídas ao autor do texto (*retomando o ponto [...], o autor finaliza [...]*), seguindo-se um discurso

Quadro 25. Quarta seqüência do diário C.8.

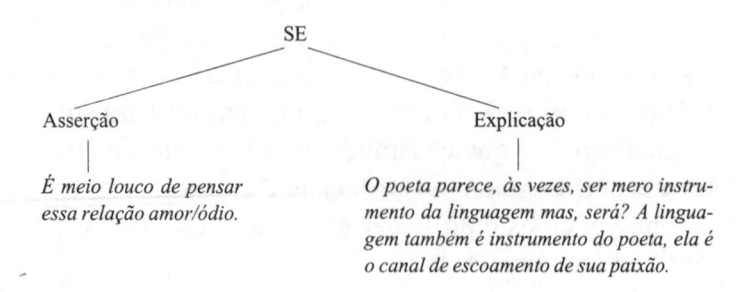

```
                    SE
         ┌───────────┴───────────┐
      Asserção                Explicação
         │                        │
É meio louco de pensar    O poeta parece, às vezes, ser mero instru-
essa relação amor/ódio.   mento da linguagem mas, será? A lingua-
                          gem também é instrumento do poeta, ela é
                          o canal de escoamento de sua paixão.
```

direto, sob a forma de seqüência explicativa da asserção *o amor não é mercadoria*. A última das proposições da fase de explicação (*não é útil ao nosso mundo capitalista*), por sua vez, funciona como uma fase de dados para a tese final (*deve ser por isso que anda tão sumido*), ou, em outras palavras, como a fase de dados de uma SA. O conjunto dessas seqüências, portanto, pode ser representado na forma que se encontra no quadro 26.

Assim, em termos da organização seqüencial, esse texto pode ser representado na forma que se encontra no quadro 27.

Pelo esquema, verificamos que as três partes que foram detectadas na análise do plano de texto correspondem nitidamente aos três conjuntos de seqüências de nível superior, que são facilmente visualizáveis, o que nos mostra que o texto não se organiza globalmente de acordo com um plano convencional. Além disso, levando-se em conta que o texto apresenta, em todos os seus segmentos, ou alguma marca de interação, ou seqüências explicativas e argumentativas, podemos considerá-lo globalmente como um texto misto, entre o interacional e o teórico.

Quadro 26. Quinto conjunto de seqüências do diário C.8.

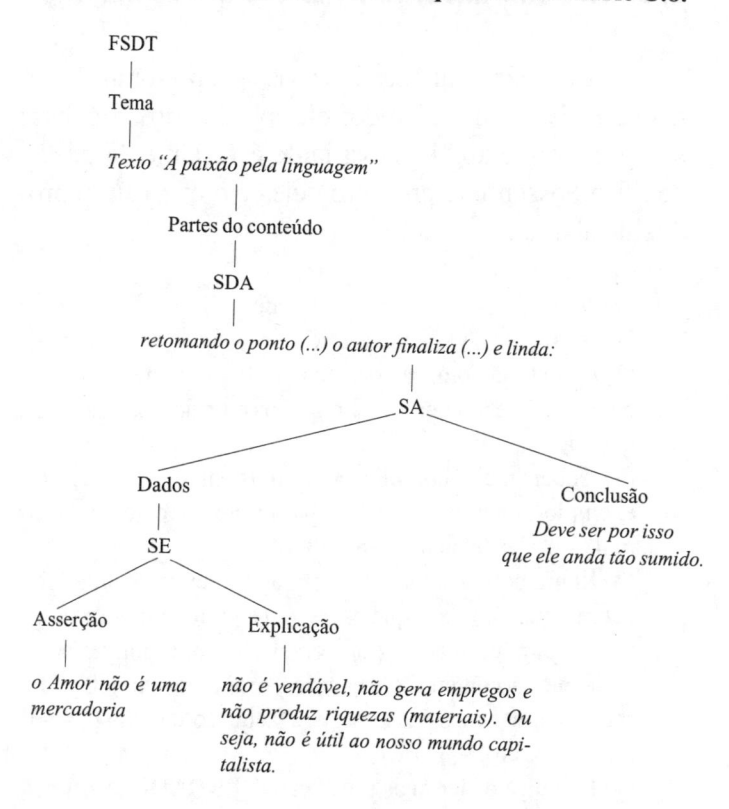

```
FSDT
 |
Tema
 |
Texto "A paixão pela linguagem"
      |
      Partes do conteúdo
         |
         SDA
          |
          retomando o ponto (...) o autor finaliza (...) e linda:
                                    |
                                   SA
                                  /   \
                              Dados    Conclusão
                               |        Deve ser por isso
                               SE       que ele anda tão sumido.
                              /  \
                     Asserção    Explicação
                        |            |
                 o Amor não é uma   não é vendável, não gera empregos e
                 mercadoria         não produz riquezas (materiais). Ou
                                    seja, não é útil ao nosso mundo capi-
                                    talista.
```

Quadro 27. Organização seqüencial do diário C.8.

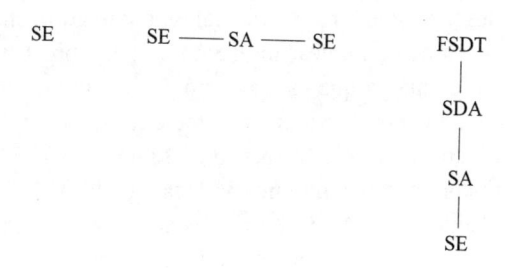

```
SE        SE ——— SA ——— SE        FSDT
                                    |
                                   SDA
                                    |
                                   SA
                                    |
                                   SE
```

parte II • **183**

2. Diários interativos com marcas de destinatário

Os três diários analisados desse grupo foram o diário J.2., o D.2. e o E.2., todos eles produzidos com base na leitura do texto "Uma variante é variante de quê?", de Sírio Possenti. O primeiro deles é o que vem reproduzido abaixo:

28/08/91   Nome
Uma variante é variante de quê?
(1) O texto já começa complicado daí; geralmente ao lermos textos, entendemos pelo menos o título, mas não foi o caso deste.
(2) Achei "meiô" complicado, muitas palavras difíceis, é o exemplo do texto "que não é para mim". Gosto de coisas mais simples (e mais curtas, claro).
(3) Li um pouco ontem e desisti; agora terminei, mas, sinceramente, não sei o que escrever (o pouco que sair daqui vai ser pura enrolação, pode crer). Primeiro porque praticamente não entendi e segundo porque desanimei, já foram pouquíssimas pessoas que fizeram o da aula passada (entre elas eu).
(4) Preguiça de ler mais uma vez – VERDADE. A primeira leitura já não me havia acrescentado nada, então porque tentar de novo? Sou acomodada e não nego.
(5) Alguns trechos até que deu pra entender, e me lembraram um livro que li no 3º colegial (ano passado), chamado "Técnicas de comunicação escrita", de Izidoro Blikstein. Adorei, enquanto que os meus amigos odiaram. Tirei 100 na prova, meu professor me elogiou e foi só no fim do ano que descobri que ele (o meu professor) estava prestando jornalismo (nos encontramos na 1ª fase da FUVEST).
(6) Divaguei um pouco, eu sei, mas não posso fazer nada se não consigo escrever sobre algo que não entendi muito bem.

(7) Mas quero finalizar com um trecho que realmente gostei: "a língua não é apenas um meio de comunicação e de influência pessoal. Não é simplesmente um veículo de conteúdos... A língua mesma é conteúdo, um referente de lealdades e animosidades, um indicador de lugar social e de relações pessoais, uma marca de situações e de temas... (Fishman, 1979, 325).

Em relação ao plano de texto, três partes básicas podem ser detectadas. Na primeira, constituída pelos dois primeiros parágrafos, encontramos uma avaliação do título e do texto, em relação a sua legibilidade. Na segunda parte, do terceiro ao quinto parágrafo, expõem-se as dificuldades encontradas na realização da tarefa, sobretudo em relação à leitura. Nesse quadro de confissão de não-entendimento, surgem as reações subjetivas (*desanimei, preguiça de ler de novo*), a relação com experiências de leitura anteriores (*alguns trechos me lembraram um livro que li...*) e as confissões autocríticas (*sou acomodada e não nego*). Em suma, é o mundo subjetivo que se expõe. E é nesse quadro também que aparecem as marcas de segunda pessoa, remetendo ao interlocutor real, sobre a qual a diarista procura atuar. Finalmente, a terceira parte, constituída pelo sexto e pelo sétimo parágrafos, configura-se como uma espécie de solução parcial em face do problema da escritura, como um fecho para o texto, com a citação literal do texto lido, que a diarista avalia de um ponto de vista subjetivo. A informação básica que se transmite é, portanto, referente às reações do locutor em face do texto, podendo o plano textual ser esquematizado da seguinte forma:

Quadro 28. Plano de texto do diário J.2.

	1ª Parte	2ª Parte	3ª Parte
Parágrafos	1-2	3-4-5	6-7

Em relação à organização seqüencial, podemos considerar, em primeiro lugar, que os dois primeiros parágrafos se apresentam como um fragmento de seqüência descritiva de texto, no qual se atribuem, de forma modalizada, determinadas propriedades ao texto lido, quer seja por aspectualização, quer seja por reformulação (*complicado, muitas palavras difíceis, é o exemplo do texto "que não é para mim"*), de um ponto de vista subjetivo, justificando-se essas propriedades e constituindo-se, assim, seqüências explicativas encaixadas. Desse modo, podemos esquematizar esse fragmento de seqüência inicial da seguinte forma, que se encontra no quadro 29.

O segundo segmento, que vai do parágrafo 3 ao 5, caracteriza-se como sendo uma enumeração de ações e de processos mentais apresentados em ordem sucessiva, que podem ser considerados globalmente como constituindo um relato da leitura realizada. Dessa forma, eles serão considerados aqui como uma seqüência de descrição de ação em sentido amplo (*li, não sei o que escrever, não entendi, desanimei, preguiça de ler*, etc.). Duas das asserções desse conjunto são justificadas sob a forma de seqüências explicativas (*não sei o que escrever, preguiça de ler, tentar de novo*). A última dessas seqüências, por sua vez, tem a fase de explicação desenvolvida sob a forma de uma seqüência argumentativa. Justificando-se a asserção *preguiça de ler* coloca-se uma conclusão, sob a forma de interrogação retó-

Quadro 29. Primeiro conjunto de seqüências do diário J.2.

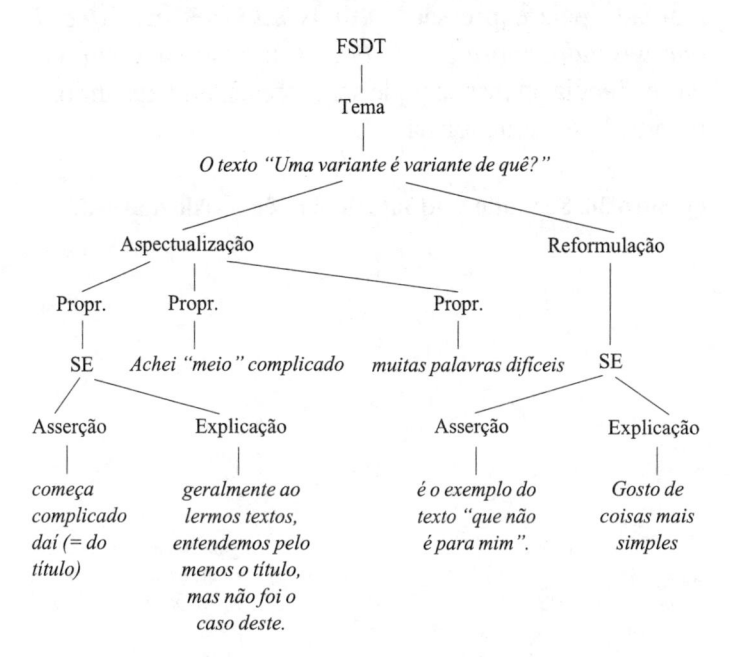

```
                            FSDT
                              |
                            Tema
                              |
              O texto "Uma variante é variante de quê?"
                  ╱                              ╲
            Aspectualização                   Reformulação
         ╱         |          ╲                    |
    Propr.      Propr.      Propr.                 
      |           |           |                    
      SE   Achei "meio"   muitas palavras         SE
           complicado       difíceis
     ╱  ╲                   ╱    ╲
Asserção  Explicação   Asserção   Explicação
   |         |            |          |
começa    geralmente ao  é o exemplo  Gosto de
complicado lermos textos, do texto    coisas mais
daí (= do  entendemos pelo "que não   simples
título)    menos o título, é para mim".
           mas não foi o
           caso deste.
```

rica (*por que tentar de novo?*) para a qual se coloca como dado a asserção *A primeira leitura já não me havia acrescentado nada.*

A essa seqüência argumentativa segue-se a continuação da seqüência descritiva de ações, que é introduzida pelo orientador argumentativo *até que*, buscando-se colocar uma nova orientação argumentativa, através da qual se procura negar uma possível conclusão que o leitor possa tirar da seqüência argumentativa anterior e principalmente da fase dos dados.

Finalmente, inserida ainda nessa descrição de ações, desenvolve-se outra descrição de ações, que se diferencia da primeira, no sentido de que relata acontecimentos em disjunção ao momento da enunciação, o que é marcado pela expressão *ano passado* (*um livro que li ano passado, adorei, tirei 100*, etc.). Assim, o conjunto da seqüência analisada pode ser representado, resumidamente, da seguinte forma:

Quadro 30. Segundo conjunto de seqüências do diário J.2.

```
                           SDA
                            |
                           Tema
                            |
                    A leitura do texto
                            |
                          Ações
        _____
        |                   |              |                    |
       Li                  mas            SE         Alguns trechos
     desisti                |              |         até que deu pra entender,
     terminei              SE                        e me lembraram um livro
                         _____        _____              |
                         |     |        |     |             SDA
                      Asserção Expl.  Asserção Expl.
                         |     |        |     |
                    não sei o que porque não entendi Preguiça  li (ano passado). Adorei.
                    escrever porque desanimei de ler  Tirei 100 na prova (...) da
                                              |       FUVEST.
                                             SA
                                         _____
                                         |        |
                                       Dados   Conclusão
                                         |        |
                              A primeira leitura já não me  então por que tentar de novo?
                              havia acrescentado nada
```

O segmento todo apresenta marcas fortes de interação, com o interlocutor real diretamente implicado, como se vê na imperativa *aí* presente. A necessidade de justificar o próprio discurso, justamente numa seqüência em que o locutor se dirige explicitamente ao destinatário, pode ser considerada como uma tentativa de justificar conclusões contrárias às que este poderia inferir a partir do que foi exposto e que o locutor julga de difícil compreensão ou aceitação.

Observe-se ainda que as justificativas colocadas são referentes ao mundo subjetivo do locutor e, como tais, não suscetíveis ao critério de verdade, mas apenas ao de sinceridade. Compreende-se, assim, a ocorrência de qualificação do próprio ato ilocucional com o advérbio *sinceramente* e a ocorrência de imperativa que solicita que o interlocutor creia no que o locutor expressa do seu mundo subjetivo, ou ainda a ênfase que se coloca no substantivo *VERDADE*, com o qual se modaliza o discurso. Por outro lado, algumas das justificativas colocadas envolvem uma autocrítica do locutor, que busca, assim, constituir uma imagem positiva de si mesmo.

Após essa seqüência de descrição de ações referentes à leitura, segue-se uma enumeração de ações de cunho metadiscursivo, que poderiam ser resumidas como "meu procedimento discursivo", sob a qual se insere uma citação direta do texto lido e que apresenta uma orientação argumentativa evidente, sem, entretanto, se constituir numa real seqüência argumentativa. Dessa forma, consideramos que temos aí outra seqüência de descrição de ação. Em resumo, o texto apresenta a seguinte organização seqüencial:

Quadro 31. Organização seqüencial do diário J.2.

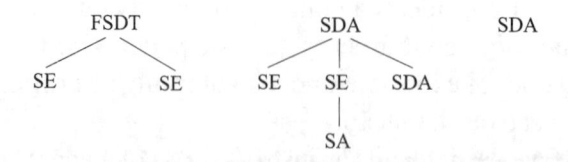

```
        FSDT            SDA              SDA
        / \            / | \
      SE   SE        SE  SE  SDA
                         |
                         SA
```

O que o esquema e a análise feita nos mostram é que há forte predomínio das seqüências de descrição de ação, com um fragmento mínimo de descrição de texto, tendo as seqüências explicativas encaixadas a função de, ou justificar as propriedades atribuídas ao texto, ou justificar as ações do locutor, como é o caso também da seqüência argumentativa encaixada. A comparação desse esquema com o que foi afirmado em relação ao plano global de texto mostra-nos que as três partes detectadas neste correspondem ao que foi detectado na análise da organização seqüencial: à primeira parte corresponde o primeiro fragmento de seqüência descritiva de texto, à segunda, o bloco de descrições de ações que se centram no sujeito, e, à terceira, as ações metadiscursivas finais. Observe-se ainda que o texto não se organiza globalmente na forma de um plano de texto convencional.

O segundo diário deste grupo a ser analisado foi o D.2., que vem reproduzido abaixo:

22/08/91
Texto: "Uma variante é variante de quê?"

(1) Começo a ler o texto mas não consigo me concentrar, acho que é porque não estou acostumada a ler textos específicos de linguagem. Então, paro de ler e venho escrever o

diário, vou tentar refletir a respeito da aula e da proposta que ela tem.

(2) A Anna Rachel tá animada, mas a maioria da classe ainda não foi tocada, poucas pessoas fizeram o trabalho na semana passada, e a Anna ficou um pouco desanimada. Eu gostei da proposta e a classe a um primeiro momento também disse gostar, estou sendo contraditória, será? Não será a atitude das pessoas contraditória? É, um dia elas te tratam bem... no outro fazem que te esqueceram.

(3) Não, não estou sendo contraditória, eu disse que num primeiro momento elas gostaram, mas na hora de colocar em prática a proposta, não se empenharam e por isso a sensação de que não foram tocadas.

(4) Já li as duas primeiras partes do texto do Sírio, estava enganada, o texto não é específico de linguagem. Ele tem muito a ver com o que eu escrevi há pouco. Deixa eu explicar... Na página 112, na 5ª linha de baixo para cima, quando começa a imaginar um professor que muda sua atitude perante a classe e a turma passa a se perguntar "o que isso quer dizer?". Foi mais ou menos o que ocorreu naquela sexta-feira de manhã, quando a Anna animadíssima nos apresentou a proposta e nós reagimos positivamente, talvez entusiasmados pela animação dela.

(5) Agora, deixando a análise da aula e das atitudes da classe. Já terminei o texto, gostei, é interessante a análise do discurso, as hipóteses e situações criadas e citadas pelo autor são fáceis de entender e de compreender.

(6) Hoje, lendo o suplemento "Cola" do Estadão, o Eduardo Martins, organizador do Manual de Redação do mesmo Estadão, colocava uma série de palavras que são usadas e colocadas como sinônimo de outras e perdem o sentido. E mostrava também como a "moda" de usar tais palavras modifica o discurso. Será que estou certa? É difícil escrever/procurar as palavras certas e se mostrar claramente. O que eu espero é que esta atividade me faça soltar mais

escrita, tenho medo de escrever algo que não seja compreendido, ou então que venha a ser mal interpretado.
(7) Acho que é insegurança, nunca escrevi um diário.

O plano de texto deste diário caracteriza-se por apresentar quatro partes básicas, que correspondem a três momentos da leitura: ao início, ao momento posterior à leitura das duas primeiras partes e ao momento posterior à leitura do texto inteiro, sendo o início das três últimas marcado pelos organizadores temporais *já*, *agora*, *hoje*.

Na primeira parte, que vai do primeiro ao terceiro parágrafo, expressa-se a dificuldade que a diarista encontra ao iniciar a leitura, e a fuga – ou a postergação – do problema, através da escrita, com uma reflexão sobre a proposta do curso. Na segunda parte, constituída pelo quarto parágrafo, a diarista faz referências ao texto lido, com uma interpretação de duas de suas partes iniciais, relacionando-o ao comentário feito sobre a proposta do curso. Na terceira parte, no quinto parágrafo, efetua-se uma avaliação global do referido texto, e finalmente, na última parte, do sexto ao sétimo parágrafo, efetua-se um pequeno resumo de outro texto com temática relacionada e a exposição de problemas que a diarista julga encontrar na produção do diário. A representação do plano global, portanto, pode ser a seguinte:

Quadro 32. O plano de texto do diário D.2.

	1ª Parte	2ª Parte	3ª Parte	4ª Parte
Parágrafos	1-2-3	4	5	6-7

Quanto à organização seqüencial deste diário, podemos dizer que ele se inicia com uma enumeração de ações da diarista, fortemente marcada como discurso interativo, podendo-se afirmar que essa enumeração é um relato de fases do processo de leitura e de escrita. Assim, consideramos que temos aí uma seqüência de descrição de ação, que se pode esquematizar da seguinte forma:

Quadro 33. Primeiro conjunto de seqüências do diário D.2.

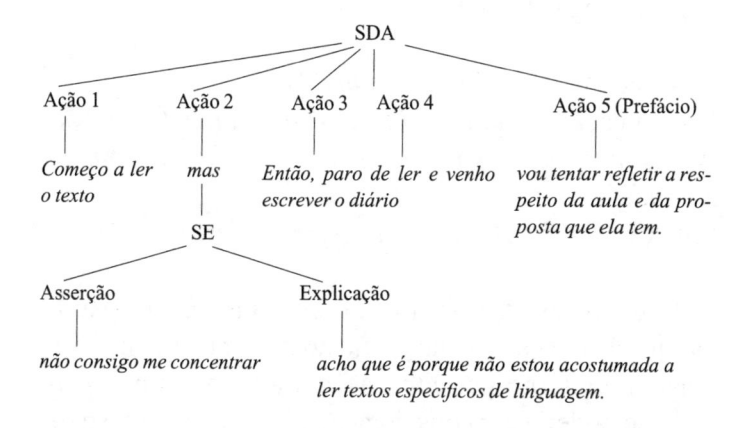

```
                          SDA
        ┌────────┬─────────┼─────────┬──────────────┐
      Ação 1   Ação 2   Ação 3    Ação 4        Ação 5 (Prefácio)
        │        │         │         │                │
   Começa a ler  mas   Então, paro de ler e venho  vou tentar refletir a res-
   o texto       │     escrever o diário           peito da aula e da pro-
                 SE                                posta que ela tem.
           ┌─────┴─────┐
        Asserção    Explicação
           │            │
   não consigo me   acho que é porque não estou acostumada a
   concentrar       ler textos específicos de linguagem.
```

Constituindo-se claramente as últimas das ações relatadas como uma fase de abertura para a fase seguinte, na forma de um pequeno resumo (*venho escrever o diário, vou tentar refletir a respeito da aula e da proposta que ela tem*), consideramos que, na verdade, toda essa seqüência tem função introdutória, não sendo, portanto, independente da seqüência seguinte.

Essa segunda seqüência apresenta uma certa complexidade, uma vez que apresenta características de uma seqüência narrativa, mas não de forma integral. Assim, verificamos que há uma sucessão de acontecimentos que são colocados como disjuntos ao momento da enunciação, o que se evidencia na utilização do organizador temporal *na semana passada*, uma unidade temática (*a aula e a proposta*), agentes humanos envolvidos, predicados transformados que se referem a um mesmo agente (*tá animada, ficou um pouco desanimada*), e uma causalidade narrativa (*e = então*). Pode-se dizer, portanto, que teríamos aí as fases necessárias para uma seqüência narrativa do seguinte tipo:

Situação inicial: *a Anna tá animada*
Complicação: *a maioria da classe ainda não foi tocada*
Ações: *poucas pessoas fizeram o trabalho na semana passada*
Situação final: *a Anna ficou um pouco desanimada*

Entretanto, há problemas nessa análise. Como explicar que a situação inicial esteja no presente e a situação final no pretérito perfeito? Além disso, outra proposição que poderia ser considerada como sendo da fase de (re)ações (*Eu gostei da proposta e a classe a um primeiro momento também disse gostar*) é colocada *após* a situação final. Uma possível solução, que será por nós adotada, é considerá-la como uma seqüência semi-narrativa (v. Besson, 1993), dado que ela não se caracteriza como uma verdadeira seqüência narrativa, mas apresenta algumas de suas características, conforme o demonstramos.

Após essa seqüência, inicia-se outra, que tem um caráter especial, uma vez que ela não incide sobre os conteúdos referenciais do discurso produzido, mas sobre a própria coerência discursiva, tendo, portanto, um caráter metadiscursivo. Como seqüência, ela se caracteriza, inicialmente, pela colocação de uma asserção sobre a coerência do discurso (*estou sendo contraditória*), que pode ser vista como possível conclusão a que o leitor pode chegar a partir da seqüência anterior, o que nos leva a classificá-la como uma tese anterior. Essa tese é imediatamente colocada sob suspeição pela interrogação que se segue (*será?*), sendo também imediatamente refutada por uma interrogativa (*Não será a atitude das pessoas contraditória?*), para a qual se fornecem dados de suporte (*é, um dia elas te tratam bem... no outro fazem que te esqueceram*). A seguir, coloca-se a tese da autora (*Não, não estou sendo contraditória*), adicionando-se mais um dado para comprová-la (*porque eu disse que...*). Portanto, podemos ter a seguinte representação:

Quadro 34. Segundo conjunto de seqüências do diário D.2.

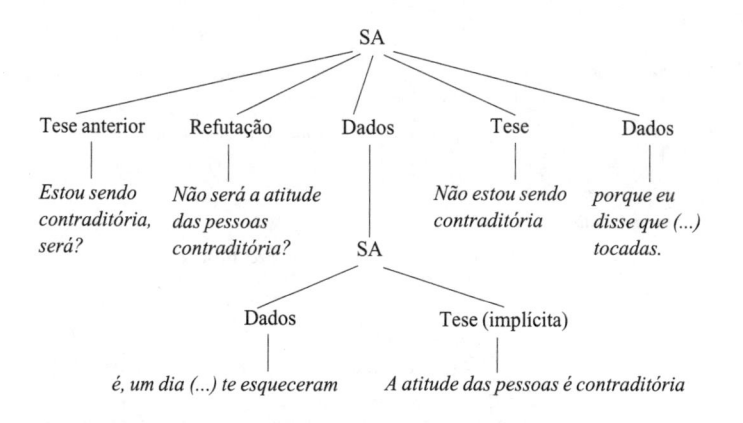

```
                            SA
       ┌──────┬─────────┬────────┬────────┐
  Tese anterior  Refutação   Dados     Tese      Dados
       │          │          │         │          │
  Estou sendo  Não será a atitude    Não estou sendo  porque eu
  contraditória, das pessoas          contraditória   disse que (...)
  será?       contraditória?   SA                    tocadas.
                           ┌────┴────┐
                         Dados   Tese (implícita)
                           │         │
              é, um dia (...) te esqueceram   A atitude das pessoas é contraditória
```

Dado que nessa seqüência se faz referência direta ao discurso produzido na seqüência anterior, mas sem que ela exerça função na anterior, consideramos que há uma relação de justaposição entre as duas seqüências.

A seguir, inicia-se um fragmento de seqüência descritiva de texto, na qual se atribuem determinadas propriedades ao texto lido, propriedades essas que são subseqüentemente justificadas. Esse fragmento apresenta a peculiaridade de ser introduzido por uma enumeração de ações referentes ao processo de leitura. Semelhantemente ao que Adam (1992) afirma acerca das fases de abertura do monólogo narrativo teatral, essa enumeração de ações torna possível passar de uma seqüência a outra, e é aí que se processa a inserção do tema da seqüência descritiva. Representando a seqüência completa, temos o seguinte esquema:

Quadro 35. Terceiro conjunto de seqüências do diário D.2.

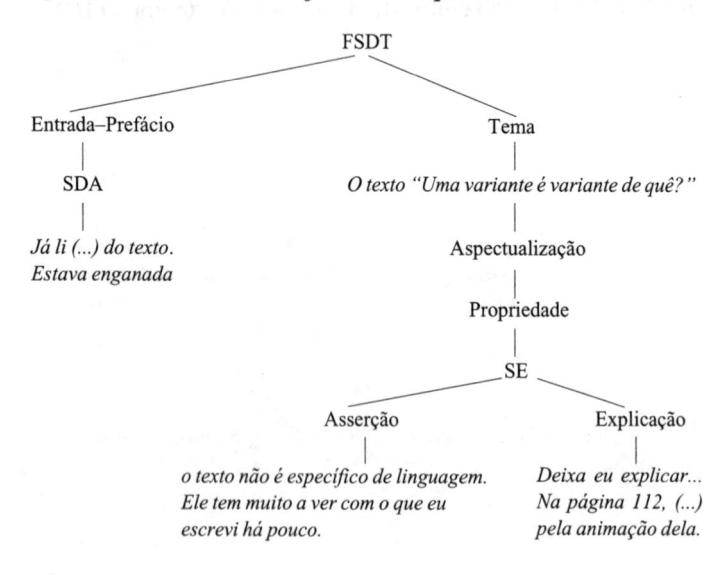

```
                        FSDT
              ┌──────────┴──────────┐
      Entrada–Prefácio             Tema
              │                     │
            SDA        O texto "Uma variante é variante de quê?"
              │                     │
      Já li (...) do texto.     Aspectualização
      Estava enganada               │
                              Propriedade
                                    │
                                   SE
                          ┌─────────┴─────────┐
                       Asserção            Explicação
                          │                    │
              o texto não é específico de linguagem.   Deixa eu explicar...
              Ele tem muito a ver com o que eu         Na página 112, (...)
              escrevi há pouco.                        pela animação dela.
```

Após o término desse fragmento, que, no final, incide sobre o tema *aula*, em discurso disjunto ao momento da enunciação, volta-se a um discurso conjunto e ao tema texto, sendo esse retorno marcado por uma fase de abertura, introduzida pelo dêitico *agora*. Temos, assim, a continuação de descrição de ações referentes à leitura desenvolvida pelo locutor, à qual se segue uma avaliação pessoal (*gostei*), seguida de uma justificativa. Dessa forma, podemos dizer que a seqüência se desenvolve da seguinte forma:

Quadro 36. Quarto conjunto de seqüências do diário D.2.

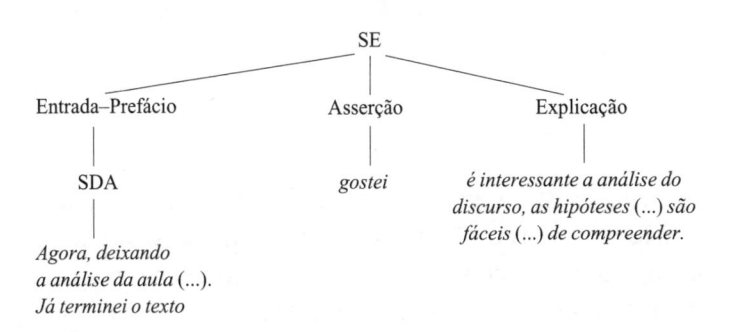

	SE	
Entrada–Prefácio	Asserção	Explicação
SDA	gostei	*é interessante a análise do discurso, as hipóteses (...) são fáceis (...) de compreender.*
Agora, deixando a análise da aula (...). Já terminei o texto		

A última seqüência, iniciada pelo dêitico *hoje*, é introduzida por uma proposição que mais uma vez refere-se à ação do enunciador (*hoje, lendo o suplemento "Cola"*) e que se constitui como uma fase introdutória de um novo fragmento de seqüência descritiva de texto. Nesse fragmento, o autor do texto é representado como realizando ações (*o E. M. colocava e mostrava...*), o que nos leva a considerar que temos encaixamento de um fragmento de seqüência descritiva de texto, cuja aspectualização se desenvolve sob a forma de descrição de ação, podendo o conjunto da seqüência ser representado tal como se segue:

Quadro 37. Quinto conjunto de seqüências do diário D.2.

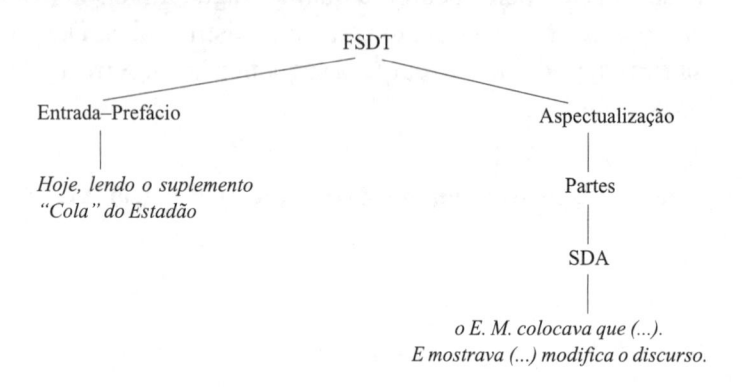

```
                        FSDT
              ┌──────────┴──────────┐
       Entrada–Prefácio        Aspectualização
              │                      │
     Hoje, lendo o suplemento      Partes
     "Cola" do Estadão               │
                                    SDA
                                     │
                          o E. M. colocava que (...).
                          E mostrava (...) modifica o discurso.
```

Já que esse fragmento de seqüência descritiva de texto não se refere ao mesmo texto que os trechos anteriores e não funciona como fase de outra seqüência anterior, consideramos que ele se encontra numa relação de justaposição com a seqüência descritiva de ação anterior.

Finalmente, o último segmento se constitui como uma seqüência explicativa, através da qual se busca justificar a enunciação de dúvida do locutor em relação à qualidade do próprio discurso, dúvida essa expressa por uma interrogativa (*Será que estou certa?*). Embora não tenhamos aí uma organização semelhante à do protótipo da seqüência explicativa, a consideração de que temos esse tipo de seqüência deriva do fato de que as proposições que se seguem a essa interrogação têm a função de responder a uma possível questão do destinatário do tipo de *Por que você pergunta isso ou por que duvida?*, podendo-se, portanto, chegar ao seguinte esquema:

Quadro 38. Sexta seqüência do diário D.2.

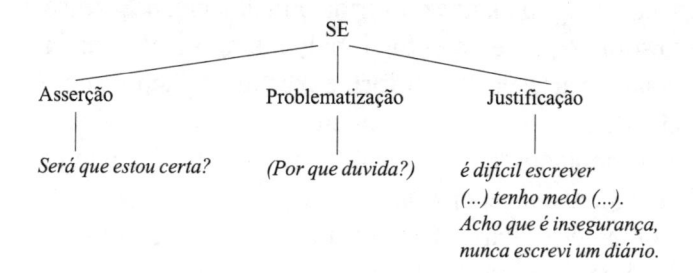

```
                        SE
        ┌───────────────┼───────────────┐
   Asserção       Problematização    Justificação
      │                 │                 │
Será que estou certa? (Por que duvida?) é difícil escrever
                                        (...) tenho medo (...).
                                        Acho que é insegurança,
                                        nunca escrevi um diário.
```

Em suma, a organização seqüencial desse texto pode ser representada da seguinte forma:

Quadro 39. Organização seqüencial do diário D.2.

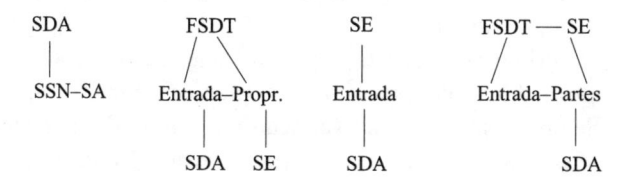

```
SDA        FSDT            SE        FSDT ── SE
 │         ╱  ╲             │          ╱    ╲
SSN–SA  Entrada–Propr.   Entrada   Entrada–Partes
            ╱  ╲             │             │
          SDA  SE           SDA           SDA
```

O que fica evidente no esquema é que há nesse texto um procedimento constante que permite a introdução das diferentes seqüências por meio de fases de abertura que normalmente são constituídas ou por seqüências de ação ou por proposições simples com predicados funcionais, o que colabora para o efeito de "narrativização" do texto. Outra característica típica desse texto é a inserção de seqüências de cunho metadiscursivo. As seqüências explicativas, por sua vez, também aqui, têm por função justificar as asserções do locutor sobre o texto ou sobre o próprio discurso, do mesmo modo que a seqüência argumentativa inserida. Finalmente, na análise feita sobre o planejamento global, notamos a existência de quatro partes, que, conforme o esquema acima, correspondem exatamente aos quatro grupos de seqüência acima apontados, que, entretanto, não se organizam num plano global convencional.

O terceiro diário deste grupo que foi analisado é o E.2., que vem reproduzido abaixo:

21/08/91
Texto: "Uma variante é variante de quê?", de Sírio Possenti

(1) Numa primeira passagem de olhos pelo texto acho-o extremamente técnico. Que quantidade enorme de palavras desconhecidas! Uma paradinha para apanhar o dicionário. Vamos lá.
(2) Primeiro parágrafo, primeiras questões: "... as assim chamadas variantes não são variantes de nenhuma outra." Sempre tomei o termo variação no sentido de mudança. Mas uma mudança que não traz alteração? Confuso.
(3) Um ponto clareador: acontecimento. Através da definição nota-se que um acontecimento é sempre único, visto que as circunstâncias que o determinam também o são. Mas a análise do autor segue numa linha cada vez mais complexa.
(4) Ao tratar de efeito de sentido, a questão semântica parece expandir-se. Não se deve (a fim de não perder a extensão total do significado) considerar apenas o que se diz, mas também, a forma como é dito. Diferentes entonações

emocionais tendem a mudar totalmente o sentido de certas colocações.
(5) O parágrafo sobre a sintaxe está cheio de dificuldades. Todos os conceitos anteriores que eu tinha sobre o assunto parecem ter sumido de minha cabeça. Vale uma nova leitura.
(6) Lingüística com modelos aparentados aos das ciências exatas. Realmente, através da infinidade de dados necessários a proximidade lógica vê-se comprovada.
(7) Paro de repente a leitura e pergunto-me acerca do título. Variante de quê? E agora, que cada variante tem seu papel específico, ou seja, não varia? As pessoas podem dizer a mesma coisa de maneira diferente, utilizando-se de diversos panos de fundo. A língua é conteúdo social em si mesma, ou seja, "o meio é a mensagem" (Mc Luhan). Estaria aqui centrada a variante?
(8) Uma passagem interessante: a linguagem utilizada deve adequar-se à situação de emissor e receptor, a fim de possibilitar uma decodificação adequada. Lembro-me agora do método de alfabetização de Paulo Freire: usar a palavra-chave adequada à clientela. Ou seja: o sabão para a lavadeira, o cimento para o pedreiro. Daí desenvolver a análise crítica do indivíduo. Não adianta você tentar alfabetizar uma criança com problemas de má alimentação com a frase "Vívian comeu a uva". Provavelmente esta criança talvez nunca tenha tido uvas em suas refeições.
(9) Em contrapartida a isto, se o objetivo é o choque, o espanto do receptor, basta que se altere o estilo com radicalidade. Essa inadequação emocional do emissor certamente levará o receptor a refletir com maior cuidado sobre a mensagem recebida.
(10) Por suas particularidades o estilo traz intrinsecamente um certo tom de indeterminação. Afinal, cada indivíduo carrega o seu. Isto pode mudar radicalmente a conotação lingüística, visto que apresenta-se carregada de diferentes relances emocionais. Mas é impossível negar que quanto mais afasta-se do padrão socialmente aceito, mais difícil é acei-

tar este estilo. E isto é facilmente comprovado nas mais diversas situações de comunicação, desde as artes plásticas até os trabalhos audiovisuais e impressos.
(11) O jogo entre desvio e escolha apresentou pouca clareza. Por estes pontos de fácil entendimento alternando-se com outros de total ignorância pude perceber ser o texto destinado a um público específico, restando a nós, leigos, compreendê-lo em pontos esparsos.

Em relação ao plano de texto deste diário, verificamos, em primeiro lugar, que ele segue uma linha de construção semelhante à do anterior, no sentido de que são facilmente delimitáveis três partes do texto correspondentes a três momentos da leitura: ao momento inicial, aos momentos concomitantes à leitura e ao momento imediatamente posterior à leitura global final. A diferença em relação ao anterior é que, neste, a fase intermediária é bem mais extensa e composta de diferentes subfases, que correspondem a diferentes partes do texto lido.

Na primeira parte, que corresponde ao primeiro parágrafo, a diarista expõe sua impressão inicial sobre o texto. Na segunda, do segundo parágrafo ao início do décimo primeiro, a diarista vai expondo, ponto a ponto, as idéias do autor, através ou de citações diretas ou de paráfrases, ao mesmo tempo em que vai apresentando sua interpretação, sua concordância ou discordância, suas dúvidas, as relações que vai estabelecendo com outros textos, constituindo-se assim um quase-diálogo com o texto lido. Desse modo, o que se observa, nessa segunda parte, é a exposição do processo de construção de significado do texto que se lê, exposição essa que vai se desenvolvendo imediatamente após a leitura de cada trecho. Finalmente, na terceira parte, constituída pela segunda parte do último parágrafo, a diarista desenvolve uma avaliação global do texto em termos da sua legibilidade.

Dessa forma, podemos dizer que esse é o diário que se constrói numa relação de intertextualidade mais estreita, na medida em que é o conjunto das idéias do texto lido que está efetivamente presente, sendo impossível compreendê-lo quando não se conhece o texto-base, conhecimento este que permite estabelecer a coerência textual que não é assinalada de forma explícita. Sintetizando esquematicamente as três partes detectadas, temos:

Quadro 40. Plano de texto do diário E.2.

	1ª Parte	2ª Parte	3ª Parte
Parágrafos	1	2-3-4-5-6-7-8-9-10-1ª parte do 11	2ª parte do 11

Em relação à organização seqüencial deste diário, observemos inicialmente que o primeiro parágrafo do texto começa em discurso interativo, que pode ser visto como uma introdução à seqüência descritiva de texto que se inicia. Essa introdução é, por sua vez, constituída por uma combinação de seqüência descritiva de ação e um fragmento de seqüência descritiva de texto que são dificilmente separáveis.

Do parágrafo 2 ao parágrafo 6, diferentes partes do texto lido vão sendo apresentadas e discutidas sucessivamente, podendo-se encontrar uma certa dificuldade de análise da organização seqüencial, pois a relação entre os diferentes segmentos não se faz de forma explícita, justapondo-se os segmentos, introduzindo-se discursos diretos, sem verbos introdutores, inserindo-se frases nominais, enfim, mudando-se de tema, sem se dar a orientação necessária a um leitor que não conheça o texto que era objeto de leitura. Entretanto, verificamos que dois dos segmentos aí presentes são introduzidos por expressões que indicam uma certa ordem de aparecimento dos conteúdos abordados no texto lido (primeiro *parágrafo,* primeiras *questões;* ao *tratar de efeito de sentido...*), ao mesmo tempo em que há um certo paralelismo sintático, com a repetição de frases nominais de abertura de cada segmento, as quais podem ser facilmente compreendidas como sendo antecedidas por expressões do tipo de "aqui vejo que...".

Assim, parece-nos que se pode considerar que temos a continuação de uma seqüência descritiva de texto, através da qual, por aspectualização, apontam-se diferentes partes do conteúdo do texto. Essas partes, por sua vez, são desenvolvidas em seqüências explicativas encaixadas, que têm por função justificar uma propriedade que se atribui a uma dessas partes ou à própria proposição que enumera uma dessas partes. Dessa forma, podemos representar o conjunto analisado, de forma simplificada, omitindo-se as fases de justificação das seqüências explicativas, pelo seguinte esquema que se encontra no quadro 41.

A descrição do texto é interrompida, no parágrafo 7, por uma seqüência de descrição de ações, que introduz um discurso direto e cujo início é marcado pelo organizador *de repente.* Nota-se que há aqui uma passagem do discurso teórico para o discurso interativo, com a presença de suas unidades características, tais como mar-

Quadro 41. Primeiro conjunto de seqüências do diário E.2.

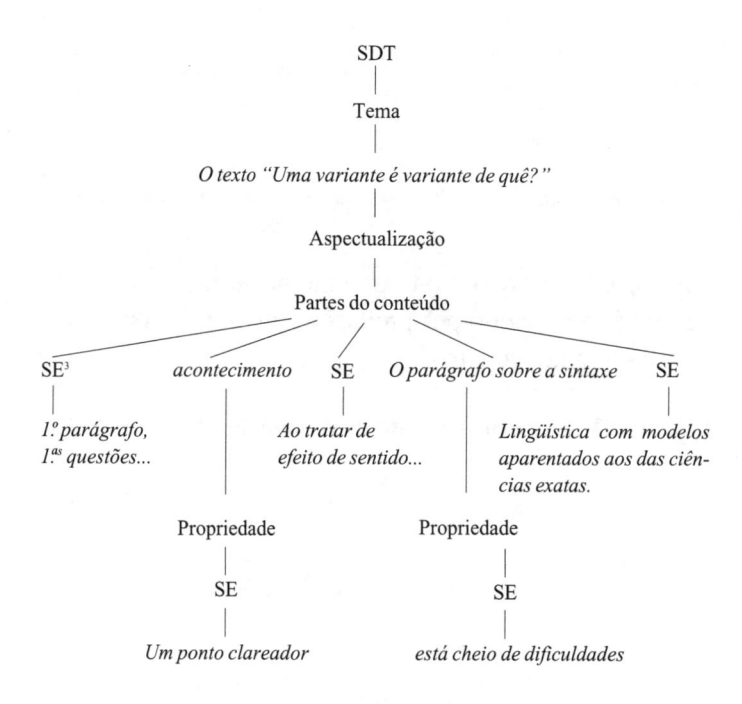

```
                            SDT
                             |
                            Tema
                             |
            O texto "Uma variante é variante de quê?"
                             |
                       Aspectualização
                             |
                       Partes do conteúdo
    ┌────────────┬────────────┬────────────────────────┐
   SE³      acontecimento    SE    O parágrafo sobre a sintaxe    SE
    |            |            |                                    |
1º parágrafo,   Ao tratar de                   Lingüística com modelos
1ᵃˢ questões... efeito de sentido...           aparentados aos das ciên-
                                                cias exatas.
                 Propriedade              Propriedade
                     |                        |
                    SE                       SE
                     |                        |
              Um ponto clareador      está cheio de dificuldades
```

cas de primeira pessoa, presente do indicativo e interrogativas. Essas podem ser consideradas como interrogações reais, não porque se dirijam diretamente ao destinatário, mas porque expressam dúvidas reais do locutor sobre os significados textuais. Dado que essa seqüência se encontra entre duas partes da fase de aspectualização da seqüência descritiva, consideramos que ela se constitui como uma seqüência inserida que se encontra no quadro 42.

O segmento seguinte continua a descrever as partes subseqüentes do conteúdo do texto lido, em discurso teórico, atribuindo-se propriedades a duas delas. Nessa

Quadro 42. Segunda seqüência do diário E.2.

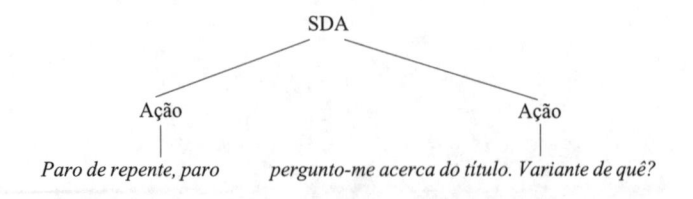

```
                    SDA
           ┌─────────┴─────────┐
          Ação                Ação
           │                   │
   Paro de repente, paro   pergunto-me acerca do título. Variante de quê?
```

descrição se insere outro fragmento de seqüência descritiva que é introduzido por predicado funcional. Assim, temos o seguinte esquema:

Quadro 43. Terceiro conjunto de seqüências do diário E.2.

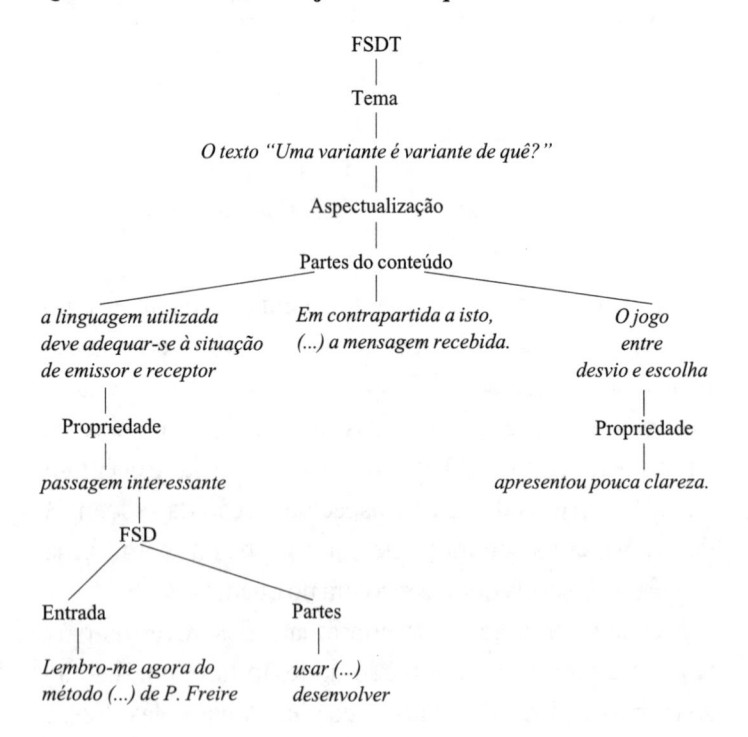

```
                              FSDT
                               │
                              Tema
                               │
                 O texto "Uma variante é variante de quê?"
                               │
                        Aspectualização
                               │
                        Partes do conteúdo
       ┌───────────────────────┼───────────────────────┐
a linguagem utilizada   Em contrapartida a isto,      O jogo
deve adequar-se à situação  (...) a mensagem recebida.   entre
de emissor e receptor                               desvio e escolha
       │                                                │
   Propriedade                                      Propriedade
       │                                                │
passagem interessante                            apresentou pouca clareza.
       │
      FSD
   ┌───┴────┐
 Entrada  Partes
   │        │
Lembro-me agora do   usar (...)
método (...) de P. Freire   desenvolver
```

Finalmente, no último segmento, em discurso interativo, atribui-se uma qualidade a todo o texto (*ser o texto destinado a um público específico*), tomando-se como justificativa a síntese que se faz do grau maior ou menor de legibilidade atribuído às suas diferentes partes (*por estes pontos de fácil entendimento alternando-se com outros de total ignorância*). Podemos dizer, assim, que temos uma seqüência explicativa encaixada, que funciona como uma proposição de propriedade da seqüência descritiva de texto. Em síntese, considerando-se que todos os fragmentos analisados a partir do 2º parágrafo constituem uma seqüência descritiva global, o texto inteiro pode ser representado da seguinte forma:

Quadro 44. Organização seqüencial do diário E.2.

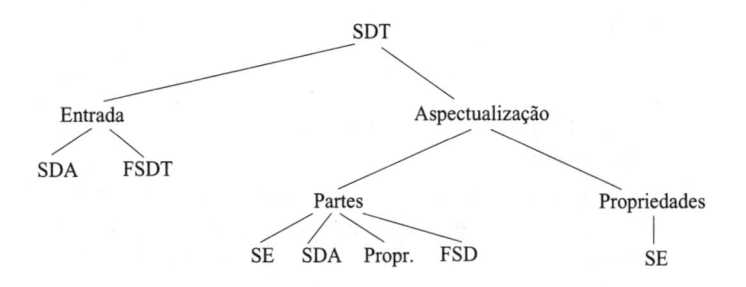

```
                            SDT
                 ┌───────────┴───────────┐
             Entrada              Aspectualização
             ╱    ╲            ┌──────────┴──────────┐
           SDA   FSDT        Partes              Propriedades
                          ╱  │  │  ╲                  │
                        SE  SDA Propr. FSD            SE
```

Comparando-se esse esquema com o que foi afirmado em relação ao plano de texto, percebe-se que à primeira parte do plano corresponde a fase de entrada à seqüência descritiva do texto; à segunda, corresponde a enumeração das partes e, finalmente, à terceira, corresponde a fase das propriedades, que se coloca como síntese ou conclusão. Assim, verificamos que este é um dos raros diários que apresentam uma organização em um plano global convencional, que, neste caso, é o da seqüência descritiva, mas essa seqüência é como que narrativizada, já que o objeto do discurso vai aparecendo à medida que as ações do locutor vão se desenvolvendo. O que aparece, portanto, aqui, é o significado do texto lido em processo de construção.

3. Diários interativos sem marcas de destinatário

Desse grupo, conforme já o dissemos, foram selecionados para análise os diários G.6., D.6. e E.6., que foram construídos tendo como ponto de referência o texto "Choram as quatro damas do baralho nacional", de Arnaldo Jabor. O primeiro deles é o que está reproduzido abaixo:

> nome
> Texto: "Choram as quatro damas..."
> Arnaldo Jabor
> (1) Talvez por circunstâncias externas, o que é bem provável, não me encontro nas condições satisfatórias pra escrever o diário. Não sei bem o que acontece, mas comecei a ler o texto, e diferente das outras vezes, não fui criando as minhas associações. A cabeça está em outro lugar... Hoje, pela primeira vez, conversei com X como amiga. Ele se desabafou comigo. Senti vontade de chorar. Será que faço parte deste conjunto de mulheres que desejam retornar à fragilidade feminina perdida?
> (2) Continuei a ler o texto. Gostei! Texto gostoso e ao mesmo tempo, estranho...
> (3) No início não sabia do que se tratava o texto, mas com o seu "decorrer", Jabor vai apresentando dama por dama

amarrando uma à outra. Mostrando a posição do homem perante essas "grandes" (!!!) mulheres, e a posição delas diante de tanta pressão, quando desabam a chorar, dando a impressão de uma busca à feminilidade perdida.
(4) Achei bonito o texto, talvez um pouco romântico (?!!), mas bonito. Chega a me parecer até como um elogio às mulheres, à sua "fragilidade".
(5) Mas, e o homem?
(6) – "Homem não chora!!!"

Em relação ao plano de texto, este diário, do mesmo modo que os dois últimos analisados, caracteriza-se por apresentar duas partes relacionadas a diferentes momentos da leitura: ao momento inicial e ao momento posterior a ela. Na primeira parte, circunscrita ao primeiro parágrafo, encontra-se a descrição do estado cognitivo/emocional problemático em que se encontra a diarista, assim como uma justificação desse estado, justificação essa que se pode considerar como "íntima". Na segunda parte, após a leitura do texto – o que se marca pela locução "continuei a ler" –, procede-se a um julgamento do texto, justificando-se implicitamente esse julgamento com um resumo global interpretativo, marcado pela descrição de ações lingüísticas efetivadas pelo autor do texto. Essa segunda parte pode ainda ser subdividida, considerando-se os dois últimos parágrafos como uma subparte, através da qual se expressa uma posição pessoal da diarista frente ao tema tratado. Em suma, a delimitação dessas partes do texto mostra-nos uma divisão clara entre duas temáticas: de um lado, o mundo subjetivo do leitor e, de outro, o mundo objetivo, representado pelo texto lido. Sintetizando, temos o seguinte plano:

Quadro 45. O plano de texto do diário G.6.

	1ª Parte	2ª Parte
Parágrafos	1	a) 2-3-4 b) 5-6

Em relação à organização seqüencial, observemos, em primeiro lugar, que o diário se inicia com discurso interativo, em que um estado (*não me encontro nas condições satisfatórias para escrever o diário*) é afirmado, seguindo-se uma justificativa para essa afirmação. Essa justificativa se expressa através de um relato de ações. Dessa forma, configura-se uma descrição de ações sob a forma de seqüência explicativa. A última dessas "ações", a seguir, é também justificada, mas colocando-se a possível justificativa em dúvida, na forma de interrogação. Assim, essa seqüência inicial toma a seguinte forma:

Quadro 46. Primeiro conjunto de seqüências do diário G.6.

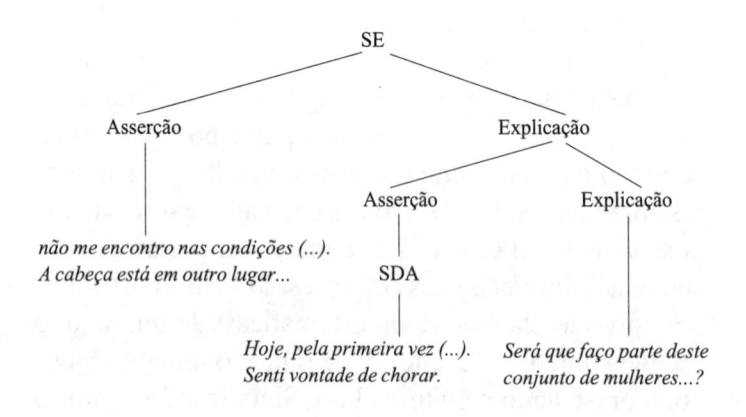

```
                    SE
          ┌──────────┴──────────┐
       Asserção              Explicação
          │              ┌──────┴──────┐
          │           Asserção      Explicação
não me encontro           │              │
nas condições (...).     SDA             │
A cabeça está em          │              │
outro lugar...      Hoje, pela      Será que faço
                    primeira vez    parte deste
                    (...). Senti    conjunto de
                    vontade de      mulheres...?
                    chorar.
```

Do segundo ao quarto parágrafo, encontramos uma combinação entre a descrição de ações referentes à leitura (*continuei a ler, No início não sabia do que se tratava, mas com o seu "decorrer"...*) e a descrição do texto lido, com atribuição de certas propriedades a ele (*bonito, talvez romântico*) e a enumeração de algumas das partes de seu conteúdo, considerando-se o autor como agente de ações sucessivas (*Jabor vai apresentando, amarrando, mostrando...*); portanto, em forma de seqüência descritiva de ação. O conjunto todo pode ser visto como uma seqüência descritiva de texto em que se processa uma introdução através de seqüência descritiva de ação, tal como se segue:

Quadro 47. Segundo conjunto de seqüências do diário G.6.

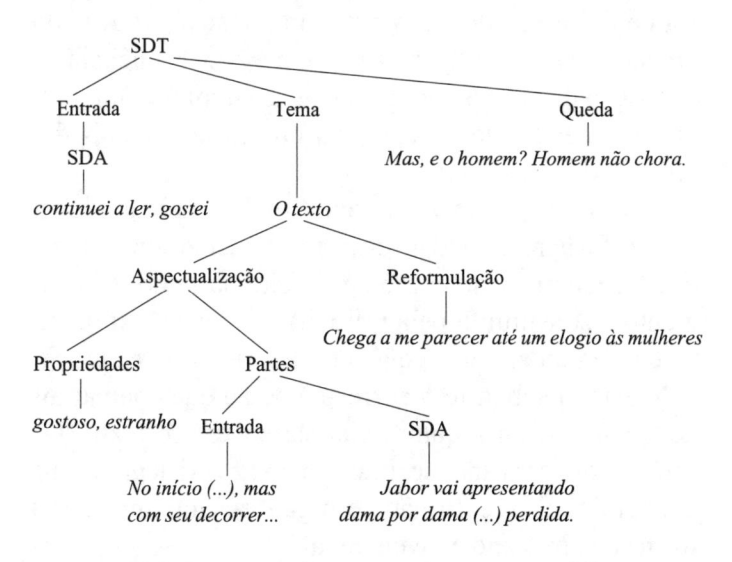

```
                        SDT
           ┌─────────────┼─────────────────┐
        Entrada         Tema              Queda
           │             │                  │
          SDA                    Mas, e o homem? Homem não chora.
           │             │
  continuei a ler, gostei   O texto
                   ┌──────┴──────┐
              Aspectualização  Reformulação
                                   │
                         Chega a me parecer até um elogio às mulheres
           ┌──────────┴──────┐
     Propriedades          Partes
           │          ┌───────┴────────┐
   gostoso, estranho  Entrada         SDA
                        │              │
              No início (...), mas  Jabor vai apresentando
              com seu decorrer...   dama por dama (...) perdida.
```

As últimas proposições, conforme se verifica no esquema, podem ser consideradas como uma "queda", isto é, uma forma de encerrar a seqüência descritiva acima, através de uma conclusão pessoal. Em síntese, a organização seqüencial global pode ser representada da seguinte forma:

Quadro 48. Organização seqüencial do diário G.6.

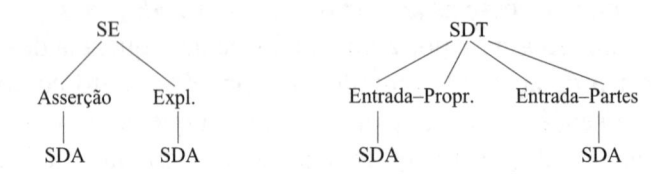

```
            SE                              SDT
          /    \                    /        |        \
      Asserção  Expl.        Entrada–Propr.    Entrada–Partes
         |       |                  |                |
        SDA     SDA                SDA              SDA
```

Conforme se verifica, também nesse texto a seqüência de descrição de texto é "narrativizada", através do procedimento de introduzi-la por meio de seqüência de descrição de ação ou por proposição simples como predicado que remete às ações ou processos mentais desenvolvidos pelo locutor.

Comparando-se o que foi dito sobre o plano global e o que foi apresentado no esquema, podemos dizer que o que foi identificado como a primeira parte do planejamento é constituído pela primeira seqüência explicativa e a segunda, pela seqüência descritiva de texto. Finalmente, a subparte *b* corresponde ao que chamamos de "chute", com a qual a diarista encerra o texto. De acordo com essa análise, mais uma vez verificamos que também aqui o texto não se organiza globalmente na forma de um plano convencional.

O segundo diário deste grupo a ser apresentado é o D.6., que vem reproduzido a seguir:

Nome
Texto: "Choram as 4 damas..."
(1) Vou começar este diário pelo texto "Choram as 4 damas do baralho" do Arnaldo Jabor, que quando foi publicado no jornal confesso que não tive vontade de ler. Acho que das quatro que choram, duas pelo menos: Zélia e Xuxa não possuem motivos aparentes, afinal Zélia até que passou a mão em uma boa quantidade de dinheiro no posto de Ministro da Economia. Xuxa chora por viver num país tão injusto, o estranho é que ela só notou isso hoje, depois de receber 19 milhões de dólares... Acho que divaguei um pouco...
(2) Adorei a caracterização dada a cada uma: a dama do latifúndio improdutivo, a dama do latifúndio eletrônico, a economista romântica e a retirante politizada. Quando Jabor diz: ("..."), acho que fui um pouco dura, porque nos esquecemos que a Xuxa e a Zélia são antes de tudo mulheres. E eu também não gostaria de ser conhecida só por ser a 37ª milionária do showbiz.
(3) A argumentação de Jabor ao defender a mulher Zélia, foge de tudo escrito sobre Zélia, nada foi tão bem esplanado e fundamentado. A respeito de Xuxa, ele acaba um pouco com a pureza que ela (Xuxa) procura passar e ao tentar descobrir a causa da depressão de Xuxa, Arnaldo (íntimo, não?) descobre Marlene Mattos, a dona da boneca.
(4) Acho que até aqui não fui bem clara, espero que agora ao já ter terminado o texto (choram...), consiga refletir melhor... A Anna pediu para notar como cada autor argumenta. A maneira como Jabor seguiu (levou) o pensamento foi o que mais me chamou a atenção, juntamente com a maneira que argumentou. Partindo das quatro damas, separou-as (as que querem ter filhos) e ligou Rosane e Erundina no final.
(5) Ao reler o que escrevi, percebi que não fui clara... vou parar um pouco, descansar... antes de ler os outros.

Em relação ao plano de texto, este diário pode ser visto como constituído de três partes: uma parte escrita antes da leitura, uma parte escrita após a leitura, e uma parte final de avaliação do próprio discurso. A primeira parte, contida no primeiro parágrafo, se constitui como uma introdução, um prefácio ao restante do texto, na qual, além de introduzir o objeto do discurso, a diarista expõe sua opinião sobre o tema tratado no texto lido. A segunda parte se caracteriza por ser basicamente uma avaliação mais desenvolvida: no segundo parágrafo, faz-se a avaliação subjetiva do conteúdo de trecho do texto, ao lado de uma modificação de conceitos anteriores que a diarista tinha sobre o tema, e no terceiro faz-se uma avaliação da argumentação do autor. Finalmente, na terceira parte, após a leitura global, encontramos um metadiscurso, em que a diarista avalia o discurso que produziu e a dificuldade sentida em face da escrita, que é intercalado ainda por uma avaliação da argumentação do autor.

Este diário se caracteriza, assim, por manter relações de metatextualidade e de intertextualidade com uma parte do texto lido e uma relação metatextual global. Sintetizando o plano de texto detectado, temos:

Quadro 49. O plano de texto do diário D.6.

	1ª Parte	2ª Parte	3ª Parte
Parágrafos	1	2-3	4-5

Em relação à organização seqüencial, podemos dizer, inicialmente, que o diário se inicia em discurso interativo, no qual procede-se a uma descrição de ações do locutor, incluindo-se uma que é metadiscursiva (*vou começar, confesso, não tive vontade de ler, divaguei*). Sob essa descrição de ações insere-se uma seqüência explicativa, cuja função é a de justificar a opinião do locutor sobre o tema tratado no texto lido. Assim, temos:

Quadro 50. Primeiro conjunto de seqüências do diário D.6.

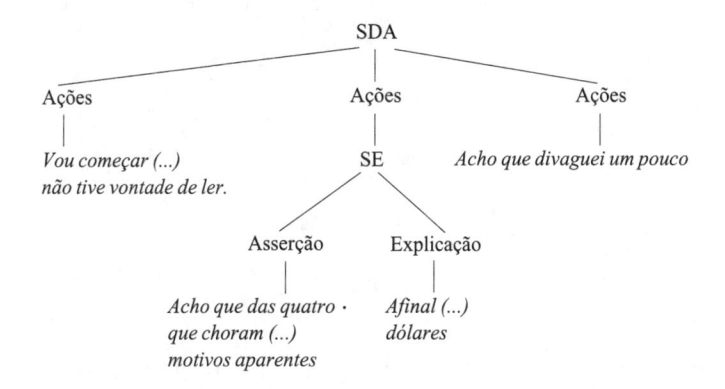

```
                          SDA
         ┌─────────────────┼─────────────────┐
       Ações             Ações             Ações
         │                 │                 │
   Vou começar (...)       SE        Acho que divaguei um pouco
   não tive vontade de ler.
                    ┌──────┴──────┐
                 Asserção      Explicação
                    │              │
            Acho que das quatro · Afinal (...)
            que choram (...)      dólares
            motivos aparentes
```

Essa seqüência, conforme é facilmente verificável, tem a função de introduzir a seqüência que vem a seguir, sendo, portanto, uma Entrada à seqüência descritiva de texto. Esta, cujas fases típicas compreendem o segundo e o terceiro parágrafos, também em discurso interativo, pode ser considerada como uma fase de enumeração de algumas das partes do conteúdo do texto lido, efetuando-se, ao mesmo tempo, de forma imbricada, uma apreciação, que se marca, ou por verbo que remete ao campo das reações emocionais (*adorei*), ou por expressões comparativas valorativas (*foge de tudo escrito, nada foi tão bem explanado e fundamentado*). Encontra-se aí ainda, a partir de citação direta do texto, uma apreciação sobre o próprio discurso anterior, sob a forma de uma seqüência explicativa (*Quando Jabor diz X, acho que fui dura*).

Quadro 51. Segundo conjunto de seqüências do diário D.6.

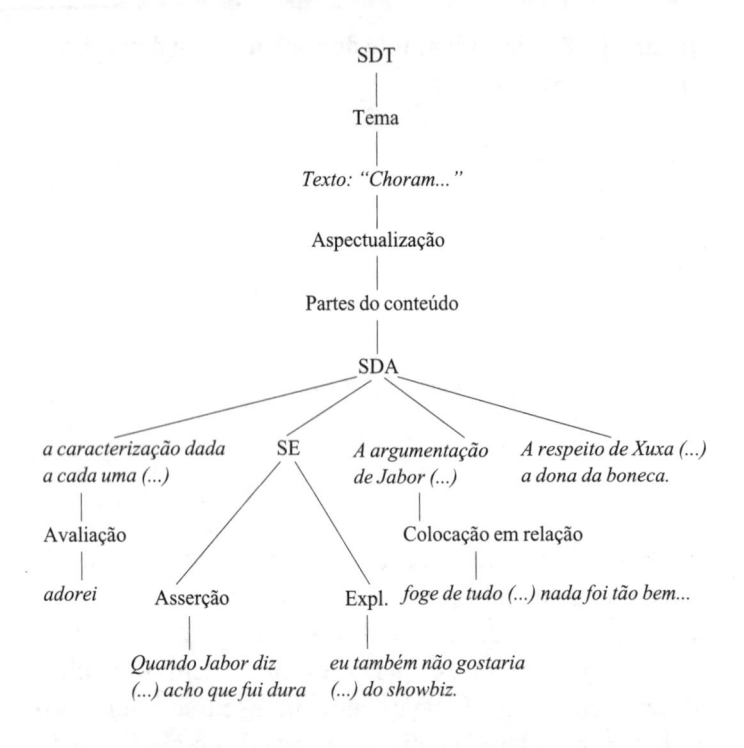

```
                                SDT
                                 |
                                Tema
                                 |
                        Texto: "Choram..."
                                 |
                          Aspectualização
                                 |
                         Partes do conteúdo
                                 |
                                SDA
   ┌─────────────────┬───────────┼──────────────────┬──────────────────┐
a caracterização dada   SE      A argumentação      A respeito de Xuxa (...)
a cada uma (...)                de Jabor (...)      a dona da boneca.
   |                                                         |
Avaliação                                          Colocação em relação
   |                                                         |
adorei            Asserção               Expl.  foge de tudo (...) nada foi tão bem...
                     |
              Quando Jabor diz         eu também não gostaria
              (...) acho que fui dura  (...) do showbiz.
```

A seqüência acima é interrompida por uma proposição de ação metadiscursiva, em que se avalia o próprio discurso, seguida de um relato de ação do professor que funciona como uma entrada para uma nova fase da seqüência descritiva, referente a outro aspecto do texto lido, isto é, à forma de argumentação do autor. Dessa forma, temos:

Quadro 52. Terceiro conjunto de seqüências do diário D.6.

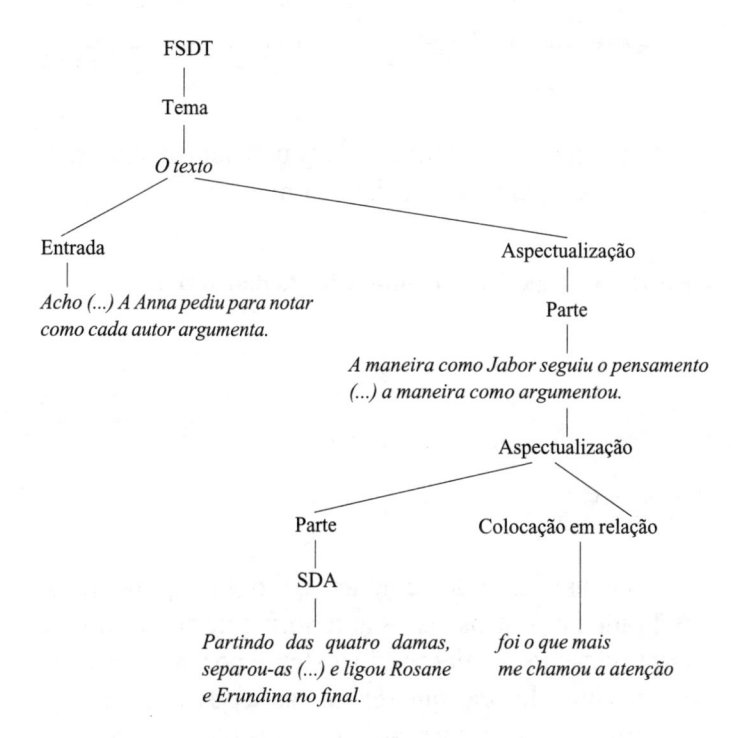

```
                        FSDT
                         |
                        Tema
                         |
                       O texto
                      /        \
                Entrada          Aspectualização
                  |                    |
    Acho (...) A Anna pediu para notar  Parte
    como cada autor argumenta.           |
                           A maneira como Jabor seguiu o pensamento
                           (...) a maneira como argumentou.
                                         |
                                    Aspectualização
                                    /            \
                                Parte          Colocação em relação
                                  |                    |
                                 SDA                   |
                                  |                    |
                    Partindo das quatro damas,    foi o que mais
                    separou-as (...) e ligou Rosane  me chamou a atenção
                    e Erundina no final.
```

Finalmente, o último segmento se constitui novamente como uma descrição de ação justaposta à anterior, podendo ser representada da seguinte forma, que se encontra no quadro 53.

Quadro 53. Quarta seqüência do diário D.6.

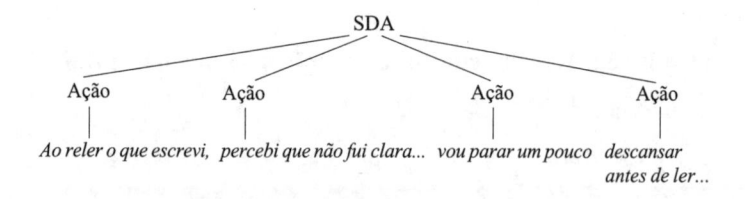

```
                        SDA
         ┌──────┬───────┴───────┬──────────┐
        Ação   Ação            Ação        Ação
         │      │                │          │
Ao reler o que escrevi, percebi que não fui clara... vou parar um pouco  descansar
                                                                        antes de ler...
```

Em síntese, a organização seqüencial do texto pode ser representada da seguinte forma:

Quadro 54. Organização seqüencial do diário D.6.

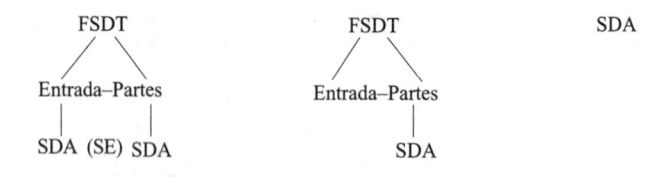

```
       FSDT                  FSDT              SDA
       / \                   / \
  Entrada–Partes       Entrada–Partes
       │                     │
  SDA (SE) SDA              SDA
```

Pela análise, pode-se notar aqui o procedimento já observado nos outros textos anteriormente analisados, a "narrativização" da descrição do texto por meio de proposições introdutoras que relatam as ações do locutor.

Através de comparação, podemos observar que há um paralelismo entre as seqüências e a estrutura do plano global, na medida em que as três partes detectadas na análise do plano global correspondem exatamente aos três conjuntos de seqüências facilmente visualizáveis no esquema da organização seqüencial. Além disso, é também facilmente observável que o texto não se organiza sob a forma de um plano convencional.

Finalmente, o último diário a ser analisado é o E.6., que vem reproduzido a seguir:

> Texto "Choram as 4 damas do baralho nacional", de Arnaldo Jabor
> (1) Interessante analogia. Neo-macunaíma sem nenhum caráter mesmo, como são todos os heróis nacionais, especialmente as personalidades políticas. Difícil encontrar algum político brasileiro incorruptível e de caráter exemplar.
> (2) Não poderia ser mais perfeita a alegoria: Rosane Collor é "a dama do latifúndio improdutivo", Xuxa é "a dama do latifúndio eletrônico", Zélia é "a economista romântica", e Erundina é "a retirante politizada". Com certeza as quatro figuras femininas mais expressivas na contemporaneidade do cenário nacional.
> (3) Uma pontinha machista ao citar a "fragilidade feminina". Não seria confundir com sensibilidade, sentimento inerente a ambos os sexos? Desejo de casamento e filhos também são peculiares a homens e mulheres bem como, nos tempos modernos, muitas pessoas assumem com tranqüilidade a opção de não ter filhos.
> (4) "Tudo menos suportar a leveza da mulher no poder, comandando nossas certezas de homens." Mais machista, impossível. A competência das pessoas independe de seu sexo. Sem cair no já decadente feminismo, o autor mostra-se bastante preconceituoso certamente. Certamente consegue seu intento de levar muitos leitores a prosseguirem com a leitura deste artigo, ainda que por prazer ou revolta.
> (5) Por que não ver Zélia como uma mulher inteligente? O autor parece querer transformá-la no protótipo da mulher objeto. Até ao comentar o fato de Zélia não ter sido uma figura corrupta parece adotar uma entonação de brincadeira. Fanatismo não é sinônimo de competência.
> (6) "Uma mulher como Zélia não pode querer ser feliz." Absurdo. Se a meta de todo ser humano não for a busca

constante e serena da felicidade não há sentido em se viver não é porque a ministra ocupou este cargo tão visado pela própria situação econômica do país que não pode querer ser feliz. Se o país é habitado por perversos deve-se mudar isso e nunca juntar-se a eles.
(7) Zélia mexeu em multidões, e errou como qualquer ser humano pode errar.
(8) Ao falar de Xuxa percebi meu próprio preconceito para com sua imagem construída. Reconstituir a virgindade exatamente o que acontece. Tento, às vezes, me convencer de seu amor pelas crianças, seu carisma, mas sempre deparo-me com minha própria visão sobre o fato desta moça ser uma oportunista. Racista ou não, difícil acreditar que seu envolvimento com Pelé tenha sido apenas afetivo. Ainda porque os primeiros passos de sua carreira (fatos estes que a estrela deseja esquecer) mostram sua disponibilidade a percorrer qualquer caminho.
(9) Suas relações (do autor) com a psicanálise são de péssimo gosto. O vocabulário baixo também. Nunca eu escreveria tais palavras em um texto, qualquer que fosse o estilo.
(10) Excesso de trabalho? Quem trabalha mesmo é sua empresária. Xuxa se deita a hora que quer, acorda quando quer, trabalha como quer e ganha quanto quer mesmo. Crise de Xuxa, choro, seqüestro armado uma história bastante mal contada.
(11) A indústria não deixará Xuxa ter filhos? Muito pelo contrário isso será mais um ponto a mais para ela. Provavelmente sua gravidez seria vista como um ato de amor assexuado. O que fazer?
(12) Outro ponto machista perder batalhas quando viram mulheres. Terrível.
(13) Rosane era para mim, apenas a mulher do presidente, sem nenhum predicado adicional. Sua figura chamou-me a atenção apenas com o escândalo na L.B.A. A construção de sua imagem por Jabor, de moça rica educada para casar,

é perfeita. Mostrou-se ingênua ao tentar passar por experta no escândalo.

(14) O fato de Rosane ser a ponte entre o coronelismo e o poder nascente de Collor foi uma face ainda não analisada desta relação. Lógico que é um casamento perfeito, sinônimo de capital a ser investido e decolagem de uma carreira meteórica. Não podemos subestimar a inteligência e o oportunismo do atual presidente, dignos de aplausos.

(15) Luísa Erundina foi certamente, a maior vitória oposicionista de que se tem notícia na história nacional. Mais uma vitória contra Maluf que realmente colocar uma retirante no poder. Difícil acreditar que Erundina tenha vencido as eleições por suas vivências políticas, visto que seu passado era praticamente desconhecido da maioria. A aversão do povo por Paulo Maluf foi sua arma mais eficaz.

(16) "A mulher aí entrou premiada por sua hipotética inaptidão." Acredito serem desnecessários os comentários.

(17) O governo da prefeita de São Paulo é digno de aplausos por não ter sido corrupto em meio a tantos outros. Menos feminina dentro da visão que cada um tem de feminilidade. Corrupto ou não visto por uma ótica comum.

(18) Embora inteligente, o texto de Jabor mostrou-se por vezes revoltante. Admiro-o por, como já foi dito, ter garantido a atenção da maioria dos leitores até o final, ainda que despertando revolta ou prazer. A linguagem utilizada, entretanto, poderia ser de maior bom gosto alcançando os mesmos ou melhores resultados. Também a tendência machista, se suprimida, daria uma nova roupagem culminante em melhor aceitação. Ao escrever, o autor deve pensar no público a quem seu texto destina-se, como também, em possíveis leitores de outras linhas. A agressividade pode tornar a exposição desagradável. Quando falamos alto as pessoas pouco nos ouvem. Se o nosso tom de voz é baixo e decidido muitos nos voltam a atenção. A classe é importante também na escrita.

Em relação ao plano de texto, este diário pode ser visto como constituído de duas partes correspondentes a dois momentos: durante o processo de leitura e após a leitura global. Na primeira parte, a diarista vai desenvolvendo considerações a respeito de trechos do texto, à medida que vai lendo. Assim, o caráter intertextual e metatextual caracteriza a maior parte do texto. À voz do autor do texto lido, que aparece tanto em citações diretas como em paráfrases, se contrapõe a voz da diarista, expressando concordância, discordância, acréscimo, avaliação. Após esses comentários, o diário se encerra com um último parágrafo que se caracteriza como uma avaliação global do texto, criticando-se tanto a linguagem utilizada como uma pretensa tendência machista visualizada pela diarista. Dessa forma, o que se expõe, na primeira parte do texto, é o processo de construção do significado, à medida que se lê, estabelecendo-se relações de intertextualidade e de metatextualidade, enquanto na segunda parte estabelece-se apenas a última dessas relações. Sintetizando-se, temos:

Quadro 55. Plano de texto do diário E.6.

	1ª Parte	2ª Parte
Parágrafos	1 a 17	18

Quanto à organização seqüencial, o texto pode ser analisado como sendo constituído de uma longa seqüência descritiva de texto, que, do primeiro parágrafo ao décimo sétimo, enumera as diferentes partes do conteúdo do texto lido, que, ou são introduzidas por apreciações, ou são colocadas diretamente, em citações literais, ou introduzidas por verbos de dizer, ou ainda em forma de resumo, sem qualquer tipo de introdutor.

Uma outra forma de enumerar essas partes é a colocação, sob forma interrogativa, de uma proposição do texto lido, ou de parte dela, o que indica, ao mesmo tempo, uma discordância da diarista. A essa enumeração das partes se imbrica, em quase todos os casos, uma atribuição de propriedade, que pode ser justificada ou não, constituindo-se, assim, seqüências explicativas encaixadas. Em outros casos, o conteúdo expresso é desenvolvido, em plano expositivo puro. Deve-se observar ainda que a maioria dos segmentos que descrevem essas partes se desenvolvem em discurso teórico, aparecendo apenas dois deles em discurso interativo.

Terminada a descrição das partes do conteúdo textual, segue-se um último segmento, correspondente ao último parágrafo, em discurso teórico-interativo, que se constitui como uma fase da seqüência descritiva global, na qual se estabelece uma conclusão sobre o texto lido, alternando-se uma atribuição de qualidades positivas (*inteligente, garante a atenção, despertando prazer*) e de qualidades negativas (*revoltante, despertando revolta*), mas dando-se uma orientação argumentativa global negativa (*a linguagem poderia ser de mais bom gosto, a tendência machista suprimida*), justificada pela parte final (*ao escrever...*). Assim, o texto pode ser representado da seguinte forma que se encontra no quadro 56.

Comparando-se esse esquema ao que afirmamos em relação ao plano de texto, constatamos que há uma correspondência total, visto que as duas grandes partes

Quadro 56. Organização seqüencial do diário E.6.

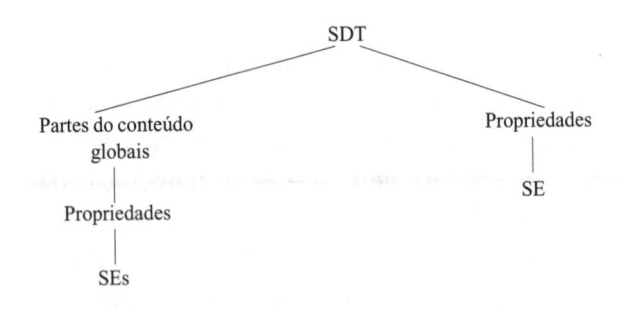

```
                    SDT
         _____/_____
        /                        \
Partes do conteúdo            Propriedades
    globais                        |
        |                          SE
   Propriedades
        |
       SEs
```

que foram detectadas correspondem exatamente às duas partes da seqüência descritiva que organiza o texto globalmente, sendo o texto, portanto, organizado globalmente sob a forma de seqüência descritiva de texto.

4. Conclusões sobre os planos de texto e sobre a organização seqüencial dos textos analisados

A análise da organização seqüencial que acabamos de apresentar permite-nos apresentar algumas conclusões referentes ao tipo de textualidade que se apresenta nos diários produzidos. Em primeiro lugar, verificamos que há, aparentemente, uma heterogeneidade fortemente marcada, em duplo sentido: no sentido de que os textos apresentam grandes diferenças entre si quanto à organização seqüencial e ao plano global de texto, e no sentido de que cada um deles apresenta diferentes tipos de seqüências. Entretanto, essa heterogeneidade é seguramente aparente, aparência que nos parece ser efeito da forma como apresentamos nossa análise[4], que chega a um grau de detalhamento bastante grande. Para sustentar essa afirmação, vejamos a seguir um quadro simplificado da ocorrência das seqüências nos nove textos, eliminando as distinções que fizemos entre seqüência descritiva de ação, seqüência descritiva de texto e fragmentos de seqüência descritiva:

Quadro 57. Tipos de seqüências nos textos analisados.

Diários	Tipos de seqüências			
	Argumentativa	Explicativa	Descritiva	Seminarrativa
A.8.	+	+	+	
B.8.			+	
C.8.	+	+	+	
J.2.		+	+	
D.2.		+	+	+
E.2.		+	+	
G.6.		+	+	
D.6.		+	+	
E.6.		+	+	

O que o quadro nos evidencia é, na verdade, uma grande homogeneidade dos textos em relação ao tipo de seqüências, pois o que vemos é que há um predomínio absoluto de seqüências descritivas e explicativas, aparecendo estas em nove dos textos, e seqüências argumentativas apenas duas vezes, uma delas ainda de forma local, em dois dos textos do grupo mais teórico, e uma só seqüência seminarrativa em um dos textos do grupo interativo. Para compreendermos ainda melhor essa homogeneidade na escolha das seqüências, verifiquemos agora o tipo de seqüência descritiva que aparece, observando o quadro abaixo:

Quadro 58. Tipos de seqüência descritiva nos textos analisados.

Diários	Tipos de seqüência descritiva		
	Descritiva	Descritiva de texto	Descritiva de ação
A.8.	+		
B.8.	+		
C.8.		+	+
J.2.		+	+
D.2.		+	+
E.2.		+	+
G.6.		+	+
D.6.		+	+
E.6.		+	

O quadro acima nos mostra que o que predomina é a descrição de texto e a descrição de ação, que aparecem ao mesmo tempo em seis dos textos, que são majoritariamente interativos. O fato de que em um dos diários considerados como mais teórico (C.8) aparece também uma descrição de ação parece derivar do fato de que esse texto é, na verdade, um discurso misto, teórico-interativo, pois apresenta frases não-declarativas, características do discurso interativo.

A heterogeneidade entre os textos, portanto, parece-nos ter a ver não com o tipo de seqüência, mas com o plano global de texto, com a forma como as seqüências apontadas se combinam, com o maior ou menor grau de acabamento delas. Esse menor ou maior grau de acabamento produz o efeito de fragmentação que a grande maioria dos textos apresenta, independentemente do tipo de discurso majoritário. As seqüências ou as fases das seqüências são geralmente justapostas, sem a presença de organizadores que indiquem as relações existentes entre elas, sendo possível a sua identificação sobretudo por critérios lógico-semânticos e paralingüísticos. Essa fragmentação, entretanto, apresenta diferentes graus, podendo-se distinguir, em relação a ela, três tipos de textos:

a) textos nos quais se pode depreender um plano global de texto, como o são A.8., E.2. e E.6., respectivamente do grupo teórico, do grupo interativo com marcas de destinatário e do grupo interativo sem marcas de destinatário;

b) textos que não apresentam um plano global de texto, mas pequenos trechos organizados em seqüências justapostas, como o são o diário C.8., do grupo teórico; os diários J.2. e D.2., do grupo interativo com marcas de destinatário, e os diários G.6. e D.6., do grupo interativo sem marcas de destinatário; grupo no qual se encontram a maioria dos textos;

c) textos em que a fragmentação chega ao extremo, não se constituindo nem mesmo uma organização seqüencial, como é o caso de B.8., do grupo teórico.

A grande maioria dos textos que não apresentam um plano global, sobretudo os interativos, parecem oscilar entre uma organização em seqüência descritiva de texto ou em seqüência de descrição de ação, o que acaba por produzir textos em que fragmentos desses dois tipos de seqüências se alternam um ao outro, sem que uma estruturação global os domine. As seqüências explicativas, por sua vez, na maioria desses textos, funcionam como justificativas ou para a própria ação ou para o próprio discurso, ou como justificativas de propriedades que se atribuem aos textos. Quanto ao texto que não apresenta nem mesmo uma organização seqüencial, observamos que ele se constitui de pequenos fragmentos descritivos, calcados sobre o texto lido, sem que se desenvolvam seqüências encaixadas que os justifiquem.

 Encerrada a apresentação dos resultados das diferentes análises que fizemos e das conclusões parciais a que chegamos, passemos às conclusões mais gerais que podemos retirar do conjunto do trabalho que foi aqui apresentado.

Capítulo 8 **Conclusões**

Neste capítulo final, apresentaremos as conclusões que podemos retirar de todo o trabalho que foi realizado, não só em relação às questões referentes à pesquisa, que foram levantadas na introdução, mas também em relação a outras conclusões que não estavam previstas inicialmente, tanto de ordem didática quanto teórica.

Em relação ao estatuto dos textos, a partir de suas características discursivas, tentaremos chegar à determinação do(s) gênero(s) sobre o(s) qual(is) a sua produção parece ter-se baseado. Resumindo as conclusões a que chegamos através das análises, observamos que, sob uma aparente heterogeneidade, a maioria dos diários de leitura apresenta uma regularidade bastante acentuada. Todos eles se constroem no eixo dos discursos da ordem do EXPOR, teórico ou interativo, sendo nitidamente majoritários os do grupo interativo sem referências explícitas ao destinatário. Em relação à organização seqüencial, observamos também uma homogeneidade subjacente, pois há predomínio quase absoluto de seqüências explicativas e descritivas, ou de texto ou de ação. Além disso, pudemos observar também o caráter de fragmentação que grande parte dos diários apresenta. Detalhando essas características, podemos dizer que os textos, na sua grande maioria, são construídos da seguinte forma:

– com implicação do locutor;
– com não implicação do receptor;
– com o destinatário sendo concebido como tendo uma compreensão responsiva otimizada, o que explica a ausência de preocupação com processos de textualidade;
– com emergência de referentes privados, sobretudo no aspecto referente aos processos pessoais de leitura e escrita;
– com a construção de um mundo discursivo temporalmente conjunto ao da situação de comunicação;
– com uma estruturação fragmentada, em maior ou menor grau;
– com um estilo marcado por uma expressividade particular, por uma atitude pessoal e informal com a realidade.

Ora, relembrando a síntese que fizemos sobre as características do gênero *diário*, verificamos que essas são justamente algumas das características que o definem. Podemos, portanto, levantar a hipótese de que é com base nesse gênero que os textos foram construídos. Entretanto, dada a situação de comunicação pública, e não privada, como o é a dos diários íntimos, essa hipótese não nos parece ser adequada, pois, havendo situações de comunicação diferentes, teríamos, teoricamente, a ocorrência de gêneros diferentes.

Uma conclusão mais adequada seria a de que o que se evidencia é a transposição de características típicas de um gênero (diário privado) para outro(s) gênero(s), não se constituindo ainda o diário de leituras como um gênero de direito, o que explicaria a dificuldade inicial dos alunos, conforme apontado no capítulo sobre suas representações. Entretanto, conforme vimos, mesmo a utilização desse instrumento conhecido – o gênero diário – também se apresentou como uma tarefa bastante complexa para os alunos. Conforme vimos no capítulo sobre o diarismo, esse gênero tem, como uma de suas características centrais, a ausência de modelos rígidos, permitindo, assim, conteúdos e elaborações variadas, o que implica uma possibilidade muito grande de escolhas para o agente produtor, o que normalmente não ocorre na situação de produção escolar.

Dessa forma, é de supor que, na medida em que os alunos se serviram de seu conhecimento sobre o gênero *diário*, produziu-se um conflito com o próprio modelo da situação de comunicação escolar que o aluno seguramente já internalizara. Explicando melhor, o gênero *diário* implica determinados tipos de conteúdo, determinadas posições de locutor e de relações com o destinatário que podem ser tomados, à primeira vista, como incompatíveis com os conteúdos e com os papéis tradicionalmente assumidos pelo professor e pelo aluno. Em outras palavras, com o tipo de *contrato* que se estabelece nessa situação. Podemos dizer que os alunos se encontravam diante de perguntas em relação aos conteúdos e ao papel do destinatário e do locutor, para as quais não podiam se servir de respostas automáticas. Ao contrário, essas respostas deveriam ser construídas por eles mesmos, o que nos parece pouco usual na situação de comunicação escolar, em que, habitualmente, os alunos devem apenas reproduzir respostas que já lhe são fornecidas, pelo menos em parte, pelo próprio professor.

Habitualmente ainda, os gêneros que são indexados à situação de comunicação escolar que envolve a produção de textos a partir de leitura de outro texto são os resumos e as resenhas críticas, ou ainda "dissertações" inspiradas pelo texto lido, que são concebidos geralmente pelos professores – e assim ensinados – como basicamente constituídos por segmentos de discurso teórico. Esses seriam, para nós, os gêneros "atingidos" pelo estilo diarista. Em outras palavras, os textos produzidos se constroem numa combinação entre resumos, resenhas, ou "dissertações", de um lado, e o diário propriamente dito de outro. Essa combinação explicaria a presença de segmentos de discurso teórico organizados na forma de seqüências de descrição de texto, que seriam típicos das resenhas e dos resumos, e a presença dos segmentos de discurso interativo, organizados em seqüências de descrição de ação, tipicamente diaristas.

Outro argumento que parece sustentar a idéia de combinação desses gêneros para a produção da maioria dos textos é a existência de textos que classificamos como *mais teóricos*, que são exatamente ou resumos de textos ou resenhas críticas ou "ensaios" que exploram o tema do texto ou temas por ele desencadeados. Na verdade, consideramos que esses textos não se configurariam verdadeiramente como diários de leitura propriamente ditos, uma vez que não levam em conta as características do gênero *diário*, não se efetuando neles a combinação postulada.

Essa combinação de características de diferentes gêneros explicaria ainda a grande variação referente à implicação dos parâmetros da situação de comunicação, uma vez que é de supor que diferentes combinações entre o estilo diarista e os gêneros habituais para essa situação de comunicação produziriam textos com essa variação. Esse tipo de combinação explicaria ainda a ocorrência dos textos interativos com marcas de destinatário, que parecem adotar o estilo da correspondência, com o que, conforme vimos no capítulo 3, os diários íntimos freqüentemente se mesclam. Entretanto, embora essa conclusão sobre a ocorrência de uma combinação de gêneros na maioria dos textos produzidos nos pareça adequada, é necessário discutir a influência das instruções dadas na determinação das características textuais apontadas.

O trabalho é fácil. Relembrando essas instruções, verificamos que a instrução-mestra, que encabeça as demais, estipulava a seguinte orientação para o aluno: "à medida que lê, vá escrevendo como se fosse para você mesmo(a)". Ora, a simples obediência a essa norma levaria logicamente à produção de textos com segmentos de discurso em que o destinatário real não estivesse implicado, o que de fato ocorreu. A obediência às duas instruções seguintes, com o verbo *descrever* no imperativo, levaria obviamente a segmentos de discurso organizados sob a forma de seqüência descritiva, no primeiro caso, de descrição do texto (*descreva o que o texto traz de interessante tanto em relação à forma quanto ao conteúdo*) e, no segundo caso, sob a forma de descrição de ação (*descreva em que o texto lido contribuiu para sua aprendizagem, para mudanças em sua prática de leitura e produção e para sua futura profissão*), o que também, de fato, foi encontrado nos textos produzidos. A obediência ao modelo apresentado oralmente, o diário da professora-pesquisadora, por sua vez, levaria à produção de textos constituídos por segmentos interativos, com implicação do locutor. Finalmente, a simples obediência à regra "*escrever à medida que lê*" e às recomendações de não-preocupação com aspectos referentes à produção de um texto acabado, coerente, levaria certamente à produção de textos fragmentados, o que também ocorreu.

Diante disso, como poderíamos manter a conclusão da incorporação do estilo diarista aos gêneros utilizados normalmente em situações didáticas que envolvem a leitura? Ora, parece-nos que essas instruções nada mais fazem que espelhar o "modelo" subjacente, pré-teórico, de um texto produzido como diário reflexivo de leituras, tal como o representávamos naquele momento. Entretanto, admitir a existência desse modelo pré-teórico que guiou o encaminhamento das produções dos alunos não nos parece invalidar a discussão feita até aqui e as conclusões a que chegamos. Ao contrário, julgamos que essas conclusões nos permitem chegar a uma teorização desse modelo, que é exatamente o que nos parece ter faltado a outras pesquisas sobre a utilização didática de diários e que se constituiu como um dos objetivos da pesquisa.

Em suma, mantidas as conclusões, podemos afirmar que nos textos diaristas dos alunos, que se apóiam em diferentes gêneros, temos exemplos típicos da constituição de um novo instrumento semiótico a partir de instrumentos conhecidos.

Aceitando ainda as conclusões levantadas como válidas, somos levados a considerar que, de acordo com o que afirma Fairclough (1989), a heterogeneidade de marcas textuais encontrada nos textos parece apontar para uma possível desestruturação dos gêneros tradicionais na situação de comunicação escolar, na universidade brasileira[1], e para uma nova estruturação. Essa nova reestruturação, conforme já vimos, em termos bakhtinianos, poderá ter como resultado a destruição ou a renovação desses gêneros ou ainda a constituição de um novo gênero, que seria, no caso em questão, o diário reflexivo de leituras. Nesse sentido, o trabalho didático por nós desenvolvido (e, por que não dizer, a própria pesquisa) pode ser visto como uma contribuição para essa constituição.

Na medida em que admitimos que os gêneros estão intimamente ligados às relações que se estabelecem entre os interlocutores, admitimos também que o trabalho que desenvolvemos implica um comprometimento com novas formas de relações entre professor e alunos, e desses entre si. Em outras palavras, consideramos que esse trabalho não é da ordem do pessoal, mas que se insere num movimento social mais amplo, tal como podemos facilmente inferir a partir da exposição feita sobre a utilização da escrita diarista em diferentes esferas sociais, neste nosso momento histórico. Dessa forma, ele não seria simplesmente uma ação didática com características apenas idiossincráticas, mas um índice de que a relação relativamente estável entre os gêneros possíveis na instituição escolar universitária brasileira – e as relações aí existentes – começa a se romper.

As motivações dessa ruptura mereceriam um estudo à parte, envolvendo necessariamente uma análise rigorosa do contexto sócio-histórico, dos discursos verbais e não-verbais que circulam nesse contexto, e de suas relações com a situação escolar e com as lutas existentes entre diferentes paradigmas científicos presentes nessas instituições, que competem para impor diferentes tipos de discurso[2]. Para essa análise, seria interessante, sem dúvida, tendo em vista o caráter de fragmentação dos textos analisados, relembrarmos o que afirma David sobre o diarismo em geral, como sendo ele o reflexo do tipo de comunicação fragmentada que se desenvolve na sociedade atual. À luz dessa idéia, poderíamos talvez compreender a incorporação pela escola de algumas das características desse gênero como uma forma de incorporação dessa fragmentação, como uma tentativa de não negar a sua existência, mas de apropriar-se dela, institucionalizando-a como um instrumento de aprendizagem.

Quanto à avaliação crítica de nossa ação, enquanto professores, na situação didática examinada, é preciso assumir, em primeiro lugar, que muitos dos problemas que os alunos enfrentam na consecução de tarefas que o professor lhes impõe derivam da própria ação do professor. Dessa forma, examinando os problemas que os alunos encontraram – e os próprios textos produzidos – é possível admitir que algumas falhas cercaram nossa ação no encaminhamento das produções dos alunos.

Em primeiro lugar, é evidente que nos faltava uma compreensão prévia das características discursivas do gênero que adotamos. Se podemos entender que, no trabalho didático em foco, o conteúdo a ser ensinado não era da ordem do conhecimento (saber), mas sobretudo das práticas (saber fazer) e das atitudes (saber ser), pode-se dizer que o que se buscava é que o aluno aprendesse a prática mesma do diário e que, portanto, se instituísse como diarista, que assumisse uma certa atitude enunciativa. Para isso, sem dúvida, teria sido necessário um estudo preliminar dessa prática, antes da sua adoção em sala de aula, e uma melhor compreensão desse gênero, que foi exatamente o que tentamos desenvolver através desta pesquisa.

Essa compreensão mais elaborada do gênero a ser utilizado poderia ter permitido que os objetivos propostos aos alunos fossem mais bem definidos e colocados paulatinamente e que as características do gênero fossem trabalhadas, facilitando o processo de apropriação. Ao contrário, como vimos, os objetivos foram colocados de uma só vez e em número excessivo, sobrecarregando o trabalho cognitivo do aluno. Deveria ter sido feita uma preparação que permitisse a consecução de cada objetivo, com apropriação paulatina das características discursivas e textuais. Uma das formas de atingir isso seria a leitura e a análise de diferentes "modelos diaristas", o que poderia dar aos alunos meios com os quais pudessem efetuar suas escolhas de forma mais segura.

Outra falha que nos parece ser visível em nossa ação didática surge a partir da consideração de que o diário pode ser tomado como um instrumento de preparação para a escrita ou para a fala pública (cf. Cap. 3), visto que não colocamos sua utilização numa perspectiva mais ampla (na produção de uma reportagem para o jornal universitário, por exemplo). Uma possível estratégia para superarmos essa falha seria a execução de uma segunda fase do trabalho, que visasse à reelaboração das produções diaristas, com sua exposição e discussão em formas públicas de discurso escrito.

Finalmente, confrontando os princípios filosóficos que foram assumidos como subjacentes a nossa ação didática, outros problemas podem ainda ser apontados. O primeiro deles, a falta de um trabalho mais sistemático com as seqüências explicativas e argumentativas, o que permitiria o desenvolvimento da capacidade de justificação e de argumentação, que, de acordo com os pressupostos de Habermas, é o que caracterizaria a ação comunicativa. Embora um trabalho com a argumentação tenha sido realizado, os resultados de nossa análise parecem indicar-nos que não foi estabelecida uma relação clara entre esse trabalho e a produção diarista.

Em relação ao objetivo de facilitar a instauração de um contexto propício à ação comunicativa, restam-nos ainda algumas dúvidas, que podem ser sintetizadas na seguinte pergunta: o fato de que a maioria dos alunos simplesmente seguiu as regras estabelecidas pelo professor, conforme vimos acima, não indicaria exatamente o contrário disso, isto é, a instauração de uma situação de comunicação em que simplesmente se obedece à ordem estabelecida por um interlocutor com mais poder? Na verdade, se entendêssemos que um curso bem sucedido é aquele em que a maioria dos alunos acaba por seguir adequadamente as "regras" estabelecidas pelo professor, num processo de assujeitamento, e não de autonomia, não nos restaria a menor dúvida de que nosso curso foi extremamente bem sucedido.

Entretanto, a questão é bem mais complexa. Conforme salientamos na parte de exposição dos pressupostos teóricos subjacentes à utilização do diário em situação escolar, consideramos que criar condições para a emergência de contextos propícios ao agir comunicacional em situação escolar de leitura implica criar condições para que todos os sujeitos leitores envolvidos numa situação de comunicação escolar específica exponham, confrontem e justifiquem suas diferentes interpretações e suas diferentes práticas e processos de leitura. Ora, a constatação da grande diversidade, tanto em termos de conteúdo quanto em termos de forma, dos textos produzidos aponta para a criação dessas condições, para o fato de o diário ter-se constituído em um tipo de produção que propiciou a expressão da singularidade de cada agente-produtor, não só na exposição das diferentes interpretações e diferentes práticas de leitura, mas também das diferentes representações da situação de comunicação escolar, no momento mesmo em que elas eram construídas. Além disso, a possibilidade de os alunos colocarem o professor como destinatário real, destituído do caráter de juiz de falhas gramaticais ou textuais, obrigaram que este se posicionasse em face dos problemas e questionamentos reais dos alunos e não apenas em face dos problemas e questionamentos que ele mesmo julgava existirem, ou apenas em face dos aspectos textuais e processuais que ele mesmo julgava relevantes, estabelecendo-se, portanto, uma relação menos autoritária no uso da linguagem, típica de ações realmente comunicativas.

A produção do diário, enfim, possibilitou que os alunos pensassem e expusessem seu pensamento sobre os parâmetros da situação de comunicação, permitindo que o professor tivesse acesso às diferentes representações que eles construíram sobre ela, e que não a tomasse como idêntica para todos, permitindo-lhe compreender mais adequadamente alguns dos problemas de produção com os quais os alunos se defrontavam. Por sua vez, o questionamento sobre os valores a se atribuir a esses parâmetros, quer seja aceitando os valores tradicionais que lhe são atribuídos, quer seja questionando-os e buscando reformulá-los, caracteriza nitidamente um processo de ação comunicativa, na qual se questionam as normas sociais estabelecidas numa determinada situação de comunicação.

Finalmente, podemos afirmar que a utilização do diário permitiu que os alunos colocassem em evidência seus processos meta-accionais, permitindo-lhes pensar sobre suas próprias ações (verbais), e não simplesmente sobre o conhecimento em si mesmo. Se admitimos que o conhecimento vem da (inter)ação, pensar sobre sua própria forma de agir e colocá-la em confronto com outras formas de agir pode se configurar como uma forma de colaborar para um controle mais efetivo e consciente da própria ação e, conseqüentemente, do próprio desenvolvimento, parecendo-nos ser o diário um dos instrumentos eficazes para isso.

Além das conclusões diretamente relacionadas às questões da pesquisa que foi realizada, podemos ainda tomar posição diante das teorias sobre as quais nos apoiamos, quer seja em relação à utilização do diário, quer seja em relação a aspectos teóricos e metodológicos mais gerais, e apontar novos campos de pesquisa que se abrem a partir deste trabalho. Em primeiro lugar, consideramos que o tipo de pesquisa aqui exposto revela-se bastante produtivo, uma vez que, utilizando teorias lingüísticas fortemente constituídas como referência de base, consegue-se uma maior consistência na análise dos dados, ao mesmo tempo que se podem confirmar ou refutar aspectos dessas teorias e até mesmo trazer-lhes novas contribuições.

Nesta pesquisa, a teoria e a metodologia desenvolvida por Bronckart (1985, 1994) permitiu que um grande conjunto de dados fosse analisado, o que favoreceu a construção de uma caracterização global mais geral desses dados e o relacionamento das características formais à situação de comunicação e às representações dessa situação. Por outro lado, através da análise de nossos dados, que incidiu sobre um número razoável de textos produzidos numa mesma situação material de produção, fornecemos uma comprovação empírica a teorias que, como as do grupo de Genebra, postulam que os elementos da situação de comunicação que interferem necessariamente sobre a forma textual são as representações dos agentes-produtores sobre determinados parâmetros dessa situação e o gênero escolhido como base para a produção do texto. Fica evidente ainda que a incorporação da questão da escolha do gênero ao modelo proposto em 1985 e a concepção do gênero como instrumento, desenvolvida nos trabalhos de Schneuwly (1994), mostraram-se de extrema revelância para a explicação das características formais dos textos efetivamente produzidos e para a avaliação da ação didática.

Já a teoria desenvolvida por Adam sobre a questão da organização seqüencial revelou-se importante para se poder caracterizar o tipo de heterogeneidade organizacional presente na grande maioria dos textos. Entretanto, é sobre essa questão que se podem apontar alguns problemas nessa teoria. A tese defendida por Adam de que a organização em seqüências, tais como propostas, explicaria totalmente a constituição dos textos, não pôde ser validada a partir da análise dos dados aqui apresentada, pois verificamos que grande parte dos textos se constrói, não sob a forma de seqüências propriamente ditas, mas sob a forma de fragmentos de seqüências, grande parte deles correspondentes ao que Bronckart considera como plano expositivo puro. Outro problema observado na utilização das propostas de Adam é a extrema fluidez dos critérios de identificação das seqüências, o que torna difícil a concordância entre diferentes pesquisadores sobre sua delimitação e até mesmo de um mesmo pesquisador em épocas diferentes. O próprio autor admite essa variabilidade de análise, considerando-a explicável – e legítima – a partir de diferentes esquemas de conhecimentos, o que determinaria diferentes leituras de um mesmo texto. Entretanto, mesmo se consideramos essa explicação como pertinente, não se pode deixar de dizer que seriam necessários critérios mais claros que explicitassem essas diferentes leituras.

Ainda em relação à questão da organização seqüencial, julgamos que nossa pesquisa permitiu-nos também levantar algumas questões fundamentais para a identificação adequada da seqüência descritiva e contribui para a análise de resumos e comentários de textos, enquanto constituídos basicamente por seqüências descritivas, o que poderá ser utilizado em novas experiências e trabalhos tanto de cunho científico quanto de cunho didático.

Em relação à teoria de Fairclough, podemos dizer que ela nos oferece instrumentos adequados para a explicação e interpretação de textos produzidos em situações de comunicação problemáticas, em que estão ocorrendo transformações, tais como a da experiência que realizamos.

Em relação aos procedimentos de análise que foram adotados, consideramos que a combinação que idealizamos do método proposto pela equipe de Genebra com a análise das representações sobre a situação de comunicação e do gênero configura-se como bastante produtiva para a interpretação de situações de produção complexas, como o são habitualmente as situações didáticas, permitindo a visualização de várias outras pesquisas que a partir daí podem ser desenvolvidas. Além disso, essas análises nos permitiram conceptualizar um modelo de diário de leituras, de forma mais produtiva, o que possibilita que os professores orientem melhor os alunos e que possam fornecer-lhes um instrumental para autocrítica em outras experiências semelhantes à que foi enfocada.

A análise mais completa que fizemos de um número bastante representativo de diários produzidos, e não simplesmente de recortes que favorecessem os nossos pressupostos iniciais, possibilitou uma avaliação mais completa da atividade desenvolvida em sala de aula. Essa avaliação permite-nos tomar uma distância maior entre aquilo que pressupúnhamos inicialmente e o que realmente ocorreu, evitando-se, assim, concepções ingênuas de que um instrumento didático qualquer possa ser mágico em si mesmo, resolvendo-se com ele todos os problemas do ensino, o que se faz freqüentemente em muitos trabalhos de pesquisa.

Finalmente, o tipo de análise desenvolvida permitiu-nos encontrar argumentos de ordem discursiva para os benefícios que diferentes autores apontam para a utilização do diário. Assim, em relação aos benefícios que Porter aponta, tal como a possibilidade de detecção das dificuldades individuais de cada aluno, verificamos que o que permite esse resultado é exatamente a possibilidade que o diário cria de os alunos descreverem as próprias ações, realizadas na consecução das tarefas propostas. Tal possibilidade fica evidente no grande número de seqüências descritivas de ações presentes nos textos analisados, permitindo que, da mesma forma que a crítica genética o faz em relação aos estudos literários, o professor possa se defrontar com as operações iniciais da escritura e da leitura, para os momentos em que se coloca o seu processo, e não só com o produto final. Exemplo dessa possibilidade é o fato de podermos, através do exame das diferentes seqüências descritivas de ação, levantar as operações de leitura e de produção desenvolvidas pelos alunos, assim como os tipos de dificuldades que encontram na leitura de diferentes textos ou de trechos específicos.

Já a afirmação de Porter de que o diário permite a interação mais forte e mais eficiente, dentro e fora da sala de aula, pode ser explicada pelo fato de que a adoção desse gênero permite que os alunos produzam discursos interativos em que professor e aluno ocupam o papel de interlocutores reais. A grande semelhança formal que grande parte dos textos produzidos apresenta em relação a discursos face a face evidencia que se pode, através deles, construir uma situação real de comunicação escrita entre alunos e professor.

Finalmente, como último ponto de nossas conclusões, podemos afirmar que o trabalho aqui exposto abre caminho para uma série de questionamentos que mereceriam a atenção de pesquisadores interessados nos problemas aqui abordados, tanto do ponto de vista teórico como didático. Para responder a esses questionamentos, pode-se pensar em pesquisas que investiguem:

– a relação entre seqüência e gênero;

– as diferenças e semelhanças entre gêneros didáticos próximos ao diário de leitura, como resumos e resenhas críticas;

– o grau de proximidade da produção diarista com a linguagem interior;

– os resultados da utilização do diário, comparando-se grupos diferentes de alunos, com utilização e sem utilização do diário;

– os resultados da utilização de diários com uma coleta de dados longitudinal;

– os resultados da utilização de diários em situações didáticas diferentes, com diferentes objetivos.

O conjunto dessas diferentes pesquisas poderá seguramente nos fornecer um quadro mais claro sobre o que se pode esperar da introdução desse novo instrumento como mediador das práticas escolares, confirmando ou refutando as hipóteses e conclusões a que chegamos com o trabalho que aqui apresentamos.

Pós-conclusões

Muitos meses se passaram desde o término da primeira versão deste trabalho. Com eles, muitas experiências novas, muitas respostas para antigas questões, muitas dúvidas sobre antigas certezas. Mas, no meio de tudo isso, as palavras de alguns alunos diaristas (Marily Galotte, Luciana Sinkevisque, Lia Mara Sacon) permanecem, para além de qualquer questionamento científico. E é com elas que deixo meus leitores, na crença de que esse testemunho vivo e espontâneo diga mais sobre o significado do aprendizado da produção diarista do que todas as minhas palavras possam dizer.

Quanto à Anna, acho que ela plantou na gente uma sementinha que tem a capacidade de dar plantas singulares e diferentes. Essa sementinha é o diário.

Com isto quero dizer que atingi mais que o desejado. Aprendi minha própria vida através dos textos que ia lendo e, conforme fui escrevendo, acabei por entender minha visão enquanto leitora.

Tenho certeza que (o diário) me deu mais segurança. Na medida em que me reconheço como um dos vidrinhos de um caleidoscópio que, a cada momento, junto com os outros, chega a novas conclusões.

Notas

PARTE I

Capítulo 1

1. Essa teoria tem como duas instâncias principais as teorias desenvolvidas por Marx e Freud, apresentando três teses centrais: 1. as teorias críticas têm posição especial como guias para a ação humana; 2. têm conteúdo cognitivo, isto é, são formas de conhecimento; 3. diferem epistemologicamente de teorias em ciências naturais, no sentido de que essas são "objetificantes" e as teorias críticas são "reflexivas" (cf. Geuss,1981).
2. Os filósofos dessa linha consideram que a razão se encontra no mundo, na sua materialidade, pressupondo-se, assim, um sujeito da consciência que acede à verdade.
3. "l'ensemble des états de choses qui existent ou se produisent ou peuvent être suscités par une intervention délibérée".
4. Friedrich, J. (Faculdade de Psicologia e Ciências da Educação, Universidade de Genebra), comunicação pessoal, 1994.
5. Fairclough, 1989; Rangel, 1994a.

Capítulo 2

1. Cf. Lourau,1988; Lejeune, 1975 ss., principalmente.
2. Pistas interessantes sobre essas condições histórico-sociais podem ser encontradas em Figueiredo (1994).
3. Cf. Lourau, 1988.

4. Cf. Rangel, 1994a.
5. Cf. Gilot, 1978.
6. "Le journal est à la place de la lettre, et la lettre à la place de la conversation. Aux autres on parle; quand ils ne sont plus là on leur écrit: quand on n'a plus personne à qui écrire on s'écrit à soi-même, et c'est ça le journal."
7. Cf. Lejeune (1993a, pp. 19-20), com o exemplo do diário de Jeanne G.: "Maman (...) elle corrigera seulement les fautes d'ortographe, sans me donner de mauvais points pour cela." ("Mamãe corrigirá somente os erros de ortografia, sem me dar pontos negativos por causa disso.")
8. Cf. Compagnon, 1990.
9. Cf. Didier, 1976.
10. Cf. Rangel, 1994a.
11. Cf. Didier, 1976.
12. "[Ecrire] C'est un moyen de creuser, de s'interroger, de toucher au fond de soi-même, surtout de tenter de savoir qui on est."
13. "Ecrire signifie: se lire soi-même."
14. "Après coup, quand j'écris, je vois beaucoup plus, je compreends mieux, je développe et j'enrichis."
15. "J'en ai soupé de ma réputation solennelle de 'poéte' du *Cimetière matin*. Si ma vie a réellement une valeur c'est non pas pour cette raison-là, mais à cause de ce que j'ai *cherché* dans les Cahiers. Je m'assure que dans la voie ici indiquée, des esprits meilleurs que le mien trouveront d'assez neuves choses."
16. "Toutes ces choses se trouvent éparses dans mon journal."
17. "Lu Montaigne où je note ceci: (...) 'En plein seizième siècle, en pleine Renaissance...'."
18. "Après diner j'ai pris un peu au hasard un livre dans le corridor. C'était la vie de Marie de l'Incarnation dont j'ai lu des pages au salon avec une joie étourdissante, je veux dire que j'en avais presque le vertige..."
19. " 'Je marchais sur elle quand j'ai entendu craquer sous moi les bancs de la Cour d'Assises.' Cette merveilleuse phrase de Flaubert, que de romans elle résume en peu de mots..."
20. O nome de cada autor que antecede cada "turno" foi inserido por Collinet.
21. "une pure lecture qui n'appelle pas une autre écriture est pour moi quelque chose d'incompréhensible... La lecture de Proust, de Blanchot, de Kafka, d'Artaud, ne m'a pas donné envie d'écrire sur ces auteurs (ni même, j'ajoute, *comme eux*) mais *d'écrire*".
22. "Tout, dans notre société de consommation, et non de production, société du lire, du voir et de l'entendre, et non société de l'écrire, du regarder et de l'écouter, tout est fait pour bloquer la réponse (...). C'est là un problème de civilisation: mais, pour moi, ma conviction profonde et constante est qu'il ne sera jamais possible de libérer la lecture si, d'un même mouvement, nous ne libérons pas l'écriture."

23. "on (y) consignait des citations, des fragments d'ouvrages, des exemples et des actions dont on avait témoin ou dont on avait lu le récit, des réflexions ou des raisonnemnets qu'on avait entendus ou qui étaient venus à l'esprit".
24. "C'est en poussant à l'extrême le particulier que, bien souvent, on touche au général; en exhibant le coéfficient personnel au grand jour qu'on permet le calcul de l'erreur; en portant la subjectivité à son comble qu'on atteint l'objectivité."
25. Cf. Lejeune, 1993a, p. 345.
26. Na França, por exemplo, realizou-se recentemente, em 1994, todo um seminário voltado para a discussão da utilização do diário com fins didáticos.
27. Comunicação pessoal, Faculdade de Psicologia e Ciências da Educação, Universidade de Genebra, 1995.

PARTE II

Capítulo 3

1. Mais especificamente nas teorias de Habermas, Vigotski, Bakhtin, Benveniste e Weinrich.
2. Ver notadamente Schneuwly (1988), Dolz (1990), Rosat (1995), Giger (1993), Besson (1993), Mugrabi (1996).
3. Cf. Schneuwly (1988).
4. Embora Bronckart considere necessária a distinção entre emissor e enunciador, assim como a de receptor e destinatário, o reconhecimento de que a instância responsável pela produção de um texto é uma entidade única, que deve ser definida, ao mesmo tempo, do ponto de vista físico e do ponto de vista social, lhe permite qualificar tal instância de *agente produtor* ou de *emissor-enunciador*.
5. Essa observação leva Schneuwly (1988) a reduzir esses dois parâmetros a um só, ao da relação existente entre enunciador e destinatário. Embora concordemos com essa posição, salientamos, entretanto, que na descrição de uma determinada situação de interação social esses dois aspectos – os papéis sociais e as relações aí existentes – devem ser mencionados para efeito de maior clareza e para dar conta de situações mais complexas.
6. O termo *ampla* não está empregado aqui no sentido de que o discurso é, em extensão concreta, mais amplo que o texto. Ao contrário, como veremos posteriormente, um só texto, freqüentemente, pode ser constituído por vários segmentos correspondentes a diferentes tipos de discurso.
7. Depois de expormos o conjunto das operações propostas, voltaremos a uma discussão mais detalhada sobre esses tipos de discurso.

8. As configurações de unidades lingüísticas específicas a cada tipo lingüístico seriam próprias a cada língua natural, mas seriam os traços de operações, de caráter universal, de tratamento dos parâmetros do contexto e do conteúdo. Dessa forma, aos tipos lingüísticos corresponderiam *protótipos psicológicos*, de caráter abstrato e universal (Bronckart, 1994b, p. 49).
9. A questão das seqüências será examinada mais detidamente na segunda parte deste capítulo.
10. Conforme veremos posteriormente, essa noção não deve ser confundida com a noção de *plano de texto*.
11. Essa última questão será discutida mais detalhadamente após as três próximas seções, nas quais buscaremos apresentar os tipos básicos de discurso postulados, sua relação com as unidades lingüísticas e com as modalidades de organização, uma vez que essa apresentação é indispensável para se compreender a discussão sobre o plano de texto.
12. Entende-se por *monológico* ou *monogerado* o discurso que é produzido sob a gestão efetiva de um único agente produtor, enquanto os discursos *poligerados* são construídos efetivamente por dois ou mais agentes, como no caso da conversação, por exemplo.
13. Pode-se facilmente imaginar determinadas situações especiais em que discursos teóricos, relatos e narrações sejam da responsabilidade de dois ou mais locutores, mas sem que haja realmente o que se pode chamar de diálogo propriamente dito.
14. Cf. nota 1 acima.
15. Por organizadores intra-meta-intertextuais se compreende o conjunto de meios que têm por função organizar e estruturar o texto, ou dirigir a atenção do leitor a uma outra parte do mesmo texto, ou fazer referência a um outro texto, quer seja do mesmo autor, quer seja de outro autor claramente identificável. Como exemplos desses três tipos de organizadores, podemos citar, respectivamente, os diferentes meios de paginação, os elementos que indicam uma nota de rodapé, as citações ou referências a uma determinada obra.
16. Essa questão será discutida com maiores detalhes na exposição da teoria de organização seqüencial.
17. "généralisations des formes attestables dans le type de discours *majeur* d'un genre de texte donné".
18. "un réseau relationnel hiérarchique: grandeur décomposable en parties reliées entre elles et reliées au tout qu'elles constituent; – une entité relativement autonome, dotée d'une organisation interne qui lui est propre et donc en dépendance avec l'ensemble plus vaste dont elle fait partie".
19. Considera-se, portanto, a *proposição* como a unidade semântica básica. De acordo com van Dijk (1980, p.17), a proposição tem como elemento central um predicado, usualmente interpretado como uma propriedade ou uma relação entre objetos individuais, objetos esses

representados pelos argumentos da proposição. A representação formal das proposições varia segundo diferentes teorias. Tendo em vista os objetivos mais gerais deste trabalho, a análise se desenvolverá num nível mais superficial do texto, sendo, portanto, dispensável uma formalização rigorosa das proposições constituintes. A *macroproposição* de uma seqüência seria um bloco de *n* proposições que desempenha uma função X nessa seqüência. Assim, pode-se detectar, na seqüência narrativa, por exemplo, macroproposições de situação inicial, de situação final, etc. Na superfície, essas macroproposições podem se realizar através de uma ou mais proposições.

20. Há nesse conceito de esquemas, construídos no decorrer do desenvolvimento e com função importante na compreensão e na produção, uma relação nítida com o conceito de *superestrutura* desenvolvido nos trabalhos de van Dijk e Kintsch (1983), relação essa, aliás, admitida pelo próprio Adam. Entretanto, esse último conceito, nos trabalhos dos dois autores, está relacionado à dimensão textual global, enquanto o conceito de esquema seqüencial de Adam se aplica a uma dimensão mais restrita.
21. "dialogues entiers dont l'unique objet est de prolonger la conversation".
22. "un simulacre de relation intersubjective".
23. Sendo essas fases aceitas atualmente quase que consensualmente por diferentes autores e não sendo esse tipo de seqüência relevante para nossa análise de dados, dispensamos aqui a sua discussão em detalhes.
24. "un premier opérateur (POURQUOI) fait passer d'une schématisation S-i, qui présente un objet complexe (O-i), à une schématisation S-q, qui fait problème (objet problématique O-q), puis un second opérateur (PARCE QUE) permet de passer de S-q à une schématisation explicative S-e (O-e)".
25. "*faire voir* dans le détail les éléments du object du discours" e "*guider le regard* du destinataire".
26. "une sorte d'exposition des divers aspects par lesquels on peut considérer une chose et qui la fait connaître au moins en partie".
27. "LA PUCE
Un grain de tabac à ressort."
28. "La médisance est un feu dévorant qui flétrit tout ce qu'il touche, qui exerce sa fureur sur le bon grain comme sur la paille, sur le profane comme sur le sacré (...) La médisance est un orgueil secret qui nous découvre la paille dans l'oeil de notre frère..."
29. "Deux enfants étaient assis sur un mur du quai et jouaient aux dès. Un homme lisait son journal sur les marches d'un monument, dans l'ombre du héros qui brandissait son sabre. Une fille à la fontaine remplissait d'eau son seau..."
30. O conceito de *script* tem sido utilizado e/ou desenvolvido por trabalhos na área da Inteligência Artificial e da Psicologia Cognitiva. Com

esse conceito, os autores dessa linha referem-se a uma forma de organização do conhecimento na memória, que representa episódios *sociais* estereotipados, realizados como um todo, através da realização de uma seqüência de (inter)ações. Exemplo típico seria o *script* de "comer em um restaurante" ou "tomar um trem". A utilização do termo está ligada sobretudo a episódios sociais, embora as pessoas possuam *scripts* pessoais que organizam suas ações habituais e embora se possa falar ainda em uma organização de seqüências de ações *naturais*.

Capítulo 4

1. Inúmeros trabalhos de pesquisa referentes à leitura apontam para o desenvolvimento da compreensão através de métodos semelhantes que desenvolveriam o conhecimento procedimental (saber como) dos leitores.
2. Sobre essa questão, v. Bourdieu (1985, *apud* Privat, 1993, p. 33): "on lit quand on a un marché sur lequel on peut placer des discours sur la lecture" ("nós lemos quando temos um mercado no qual podem ser colocados os discursos sobre a leitura").
3. A noção de contrato didático pode ser entendida como o conjunto de regras vigentes numa situação didática, de forma explícita ou implícita. Para maior desenvolvimento, v. Schubauer-Leoni (1986).
4. Queremos deixar claro que, embora cada conjunto de três textos refira-se a um mesmo texto de leitura, isso não quer dizer que todos os textos produzidos em referência a esse texto sejam do mesmo tipo. Assim, por exemplo, para o texto "Poesia: a paixão da linguagem", temos, no conjunto dos dados, diários de tipos diferentes, embora apenas textos mais teóricos tenham sido selecionados para a análise.

Capítulo 5

1. Para Jaubert (1990, p. 10): "Proférer 'je' c'est se poser comme énonciateur et, par là même, postuler un énonciataire 'vous/tu' susceptible de l'entendre et, avec une probabilité variable, de lui répondre, c'est-à-dire devenir 'je' à son tour." ("Proferir 'eu' é se colocar como enunciador e, por isso mesmo, postular um enunciador 'tu' suscetível de ouvir e, com uma probabilidade variável, de lhe responder, isto é, tornar-se 'eu' por sua vez.")
2. Para Jaubert (1990, p. 29), "employer un 'Monsieur' ou un 'Madame', c'est évidemment susciter la présence de l'autre dans le discours, mais c'est aussi lui (grifo do autor) dire 'Monsieur' ou 'Madame', c'est-à-dire prédiquer la relation liée à l'emploi des appelatifs. (...) Ce n'est pas par un hasard si leur emploi s'avère parfois

source d'hésitations, s'il marque toujours une évolution dans les rapports interindividuels, et s'il peut accuser certains dysfonctionnements" ("empregar um 'Senhor' ou 'Senhora' é evidentemente suscitar a presença do outro no discurso, mas é também lhe dizer 'Senhor' ou 'Senhora', isto é, predicar a relação ligada ao emprego dos apelativos. (...) Não é por acaso que seu emprego é por vezes fonte de hesitações, que ele marque sempre uma evolução nas relações interindividuais, e que possa acusar certos disfuncionamentos").

Capítulo 6

1. A predominância aqui se refere, sobretudo, àquela sobre o par perfeito-imperfeito. Entretanto, mesmo em relação aos demais tempos, considerados em seu conjunto, há uma predominância do presente do indicativo, excetuando-se o texto E.3.

Capítulo 7

1. A colocação de borda em algumas partes dos esquemas, e não em outras, tem por finalidade facilitar a sua leitura, sem que a ela seja dado um significado particular ou único.
2. Representamos por XXX qualquer segmento que não tenha o estatuto nem de seqüência nem de fragmento de seqüência.
3. Para efeito de economia desse esquema deixamos de indicar, separadamente, as fases de asserção e de explicação das seqüências explicativas.
4. Cf. sugestão da Profa. Dra. Ângela Kleiman (comunicação oral).

Capítulo 8

1. É de notar aqui o número crescente de professores universitários brasileiros que começaram a adotar esse tipo de texto nos últimos anos, refletindo assim uma certa tendência a essa desestruturação e estruturação. O uso crescente que também se vem fazendo dele em outros países, conforme vimos no capítulo 3, pode, talvez, estar apontando para essa mesma direção.
2. Pode-se aqui estabelecer uma analogia com o que afirma Lourau (1988) sobre o diarismo em geral e levantar a hipótese de que o "intimismo" na educação se mostraria como reflexo, ainda, da crise do discurso científico positivista tradicional.

Referências bibliográficas

ADAM, J.-M. (1990). *Eléments de linguistique textuelle. Théorie et pratique de l'analyse textuelle.* Bruxelas: Natham. (Philosophie et Langage).
_____. (1992). *Les textes: types et prototypes.* Paris: Natham.
_____. (1994). *Le texte narratif. Traité d'analyse pragmatique et textuelle.* Paris: Natham. (Natham-Université. Linguistique).
ADAM, J.-M. & PETITJEAN, A. (1989). *Le texte descriptif.* Paris: Natham. (Natham-Université. Etudes linguistiques et littéraires).
ANDERSON, G. L. (1989). Critical ethnography in education: origin, current status and new directions. *Review of Educational Research*, 59(3), pp. 249-70.
BAILEY, K. M. (1990). The use of diary studies in teacher education programs. *In*: J. C. RICHARDS & D. NUNAN (Ed.), *Second Language Teacher Education*, Cambridge: Cambridge Language Teaching Library. (mimeog., s/p.)
BAKHTIN, M. (Volochínov). (1929). *Marxismo e filosofia da linguagem.* 2ª ed., São Paulo: Hucitec, 1981.
_____. (1953). Os gêneros do discurso. *In*: _____. *Estética da criação verbal.* São Paulo: Martins Fontes, 1992. (Ensino Superior), pp. 275-326.
_____. (1959-1961). O problema do texto. *In*: _____. *Estética da criação verbal.* São Paulo: Martins Fontes, 1992. (Ensino Superior), pp. 327-58.
BARTHES, R. (1979). Délibération: sur le journal intime. Reimpresso em: _____. *Essais critiques IV: Le bruissement de la langue.* Paris: Seuil, 1984, pp. 399-413.

BARTHES, R. (1984). *Essais critiques IV: Le bruissement de la langue.* Paris: Seuil.
BEACCO, J.-C. & DAROT, M. (1984). *Analyse du discours – lecture et expression.* Paris: Hachette.
BENVENISTE, E. (1966). *Problèmes de linguistique générale.* Paris: Gallimard. (Bibliothèque des Sciences Humaines).
BESSON, M. J. (1993). Les valeurs du présent dans le discours expositif. *Langue Française*, 97, pp. 43-59.
BILLERBECK, L. M. N. (s/d), (s/t.). (Proposta de trabalho para o Programa de Pós-graduação em Lingüística Aplicada ao Ensino de Línguas). São Paulo, PUC. (mimeog.)
BLANCHOT, M. (1959). O diário íntimo e a narrativa. *In*: _____. *O livro por vir*, Lisboa: Relógio d'água, 1959, pp. 193-198.
BLOCH, P.-A. (1978). Le journal de Max Frisch. *In*: V. del LITTO (Ed.), *Le journal intime et ses formes littéraires. Actes du colloque de septembre 1975*, Genebra-Paris: Droz, pp. 135-41.
BOLLEME, G. (1993). *Parler d'écrire.* Paris: Seuil.
BOURDIEU, P. (1987). *Coisas ditas.* São Paulo: Brasiliense, 1990.
BREDO, E. & FEINBERG, W. (1982). *Knowledge & Values in Social Educational Research.* Philadelphia: Temple University.
BRONCKART, J.-P. (1994a). Action, langage et discours. *Bulletin Suisse de Linguistique Apliquée*, pp. 7-64.
_____. (1994b). *Analyse et production de textes.* Faculté de Psychologie et des Sciences de l'Education, Université de Génève. (mimeog.)
BRONCKART, J.-P., BAIN, D., SCHNEUWLY, B., DAVAUD, C. & PASQUIER, A. (1985). *Le fonctionnement des discours. Un modèle psychologique et une méthode d'analyse.* Paris: Delachaux & Niestlé.
CANETTI, E. (1965). Diálogo com o interlocutor cruel. *In*: _____. *A consciência das palavras*, São Paulo: Companhia das Letras, 1990, pp. 55-71.
CASTRO, S. T. R. (1994). Aprendendo sobre a aprendizagem de língua estrangeira. Dissertação. (Mestrado em Lingüística Aplicada ao Ensino de Línguas). LAEL, Pontifícia Universidade Católica de São Paulo.
COLE, M., JOHN-STEINER,V., SCRIBNER, S. & SOUBERMAN, E. (1984). *A formação social da mente.* São Paulo: Martins Fontes.
COLLINET, J.-P. (1978). L'auteur de journal/lecteur et juge du journal des autres. *In*: V. del LITTO (Ed.), *Le journal intime et ses formes littéraires. Actes du colloque de septembre 1975*, Genebra-Paris: Droz, pp. 191-211.
COMPAGNON. (1990). Disproportion de Proust: Les carnets de la recherche. *In*: L. HAY (Ed.), *Carnets d'écrivains 1*, Paris: CNRS, pp. 151-76.

DAVID, M. (1978). Conclusion. *In*: V. del LITTO (Ed.), *Le journal intime et ses formes littéraires. Actes du colloque de septembre 1975*, Genebra-Paris: Droz, pp. 295-98.

DIDIER, B. (1976). *Le journal intime*. Paris: PUF.

van DIJK, T. A. (1980). *Macrostructures. An Interdisciplinary Study of Global Structures in Discourse, Interaction and Cognition*. Hillsdale, N. J.: Erlbaum.

van DIJK., T. A. & KINTSCH, W. (1983). *Strategies of Discourse Comprehension*. Nova York: Academic Press.

DOLZ, J. (1990). *Catégorie verbale et activité langagière. Le fonctionnement des temps du verbe dans les textes écrits des enfants catalans*. Dissertação. (Doutorado em Ciências da Educação). Faculté de Psychologie et des Sciences de l'Education, Université de Génève.

_____. (1991). Interaction sociale. *In*: R. DARON & F. PAROT (Ed.), *Dictionnaire de Psychologie*, Paris: PUF, p. 376.

ESCARPIT, D. & POULOU, B. (Org.). (1993). ACTES DU COLLOQUE DE NVL/CRALEJ. *Le récit d'enfance – enfance et écriture*. Paris: Ed. du Sourbier.

FAIRCLOUGH, N. (1989). *Langage and Power*. Londres: Longman.

FIGUEIREDO, L. M. (1994). *A invenção do psicológico (1500-1900)*. São Paulo: Educ. (Linhas de Fuga).

FOUCAULT, M. (1983). L'écriture du soi. *Corps écrit*, 5, pp. 3-23.

FREIRE, P. (1970). *Pedagogia do oprimido*. 17ª ed. Rio de Janeiro: Paz e Terra, 1987.

FREITAG, B. (1991). *Piaget e a filosofia*. São Paulo: UNESP.

GEUSS, R. (1981). *Teoria Crítica: Habermas e a Escola de Frankfurt*. Campinas: Papirus, 1988.

GIGER, I. P. (1993). *Analyse du fonctionnement de trois types de discours en basque*. Dissertação. (Doutorado em Ciências da Educação.) Faculté de Psychologie et des Sciences de l'Education, Université de Génève.

GILOT, M. (1978). Quelques pas vers le journal intime. *In*: V. del LITTO (Ed.), *Le journal intime et ses formes littéraires. Actes du colloque de septembre 1975*, Genebra-Paris: Droz, pp. 1-17.

GITLIN, A., SIEGEL, M. & BORU, K. (1988). Purpose and method: rethinking the use of ethnography by the educational left. ANUAL MEETING OF THE AMERICAN EDUCATIONAL RESEARCH ASSOCIATION. New Orleans. (mimeog.)

GREEN, J. (1976). *La bouteille à la mer*. Paris: Plon.

HABERMAS, J. (1973). Conhecimento e interesse. *In*: *Escola de Frankfurt*, São Paulo: Abril Cultural, 1975.

_____. (1981). *Théorie de l'agir communicationnel: rationalité de l'agir et rationalisation de la société*. Tomo I. Paris: Fayard, 1987.

HABERMAS, J. (1984). *Logique des sciences sociales et autres essais.* Paris: PUF, 1987.
_____. (1993). *La pensée postmétaphisique.* Paris: Arnard Collin.
HAY, L. (Org.). (1990). *Carnets d'écrivains.* Paris: CNRS.
HELD, J. (1993). En écrivant la part du vent. *In*: D. ESCARPIT & B. POULOU (Org.), ACTES DU COLLOQUE DE NVL/CRALEJ. *Le récit d'enfance – enfance et écriture*, Bordeaux: Sourbier, pp. 227-37.
JAUBERT, A. (1990). *La lecture pragmatique.* Paris: Hachette.
KEMMIS, S. (1985). Critical reflexion. *In*: M. F. WIDDEN & I. ANDREWS (Ed.), *Staff Development for School Improvement*, Nova York: The Falmer Press, pp. 73-90.
LAKOFF, G. & JOHNSON, M. (1980). *Methaphors We Live By.* Chicago: The University of Chicago Press.
LEJEUNE, P. (1975). *Le pacte autobiographique.* Paris: Seuil.
_____. (1980). *Je est un autre.* Paris: Seuil.
_____. (1986). *Moi aussi.* Paris: Seuil.
_____. (1989). *Cher cahier... Témoignages sur le journal personnel.* Paris: Gallimard. (Témoins).
_____. (1993a). *Le moi des demoiselles – Enquête sur le journal de jeune fille.* Paris: Seuil. ("La couleur de la vie").
_____. (1993b) Avant-propos. *In*: D. ESCARPIT & B. POULOU (Org.). ACTES DU COLLOQUE DE NVL/CRALEJ. *récit d'enfance – enfance et écriture*, Paris: Sourbier, pp. 9-20.
LÉVY, B.-H. (1987). *Elogio dos intelectuais.* Rio de Janeiro: Rocco, 1988.
LIBERALLI, F. C. (1994). O papel do coordenador no processo reflexivo do professor. Dissertação. (Mestrado em Lingüística Aplicada ao Ensino de Línguas.) LAEL, Pontifícia Universidade Católica de São Paulo.
LITTO, V. del (Ed.). (1978). *Le journal intime et ses formes littéraires. Actes du colloque de septembre 1975.* Genebra-Paris: Droz.
LOURAU, R. (1988). *Le journal de la recherche. Matériaux d'une théorie de l'implication.* Paris: Meridiens Klincksieck.
MAGALHÃES, M. C. C. (1990). A teacher research collaboration. Dissertação. (Doutorado em Educação). Virginia Polytechinic Institute of the State University.
_____. (1994). Teoria crítica e desenvolvimento do professor. XXIII ANAIS de SEMINÁRIOS DO GEL, v. 1. Ribeirão Preto, pp. 66-73.
MAINGUENEAU, D. (1993). *Eléments de linguistique pour le texte littéraire.* 3ª ed. Paris: Dunod.
MONTAIGNE, M. E. de. (1595). *Ensaios.* Trad. de Sérgio Milliet, 2ª ed., São Paulo: Abril Cultural, 1980. (Os pensadores).

MORGENSTERN, S. (1993). Origines et originalités. *In*: D. ESCARPIT & B. POULOU (Org.), ACTES DU COLLOQUE DE NVL/CRALEJ. *Le récit d'enfance – enfance et écriture*, Bordeaux: Sourbier.

MUGRABI, E. (1996). *Les capacités langagières des analphabètes brésiliens*. (Tese de doutorado). Faculté de Psychologie et des Sciences de l'Éducation, Université de Génève.

NICKERSON, R. S., PERKINS, D. N. & SMITH, E. E. (1985). *The Teaching of Thinking*. Nova Jersey: Erlbaum.

NÏNN, A. (1966). *Journal* (1931-1934). Paris: Stock, 1969.

PAULILLO, R. (1993). Marcas da heterogeneidade constitutiva no discurso de enunciação da subjetividade. Projeto de tese. (Doutorado em Lingüística). Instituto de Estudos Lingüísticos, UNICAMP, Campinas. (mimeog.).

_____. (1994). O discurso do eu na(s) fala(s) do sujeito. *Cadernos de Subjetividade*, 2. São Paulo: Educ, pp. 87-99.

PORTER, P. A., GOLDSTEIN, I. M., LEATHERMAN, J. & CONRAD, S. (1990). An ongoing dialogue: learning logs for teacher preparation. *In*: J. C. RICHARDS & D. NUNAN (Ed.), *Second Langage Teacher Education*, Cambridge: Cambridge Language Teaching Library. (mimeog., s/p.)

POULOU, B. (1993). L'inspiration autobiographique dans les collections pour adolescents. *In*: D. ESCARPIT & B. POULOU (Org.), ACTES DU COLLOQUE DE NVL/CRALEJ. *Le récit d'enfance – enfance et écriture*, Bordeaux: Sourbier, pp. 115-27.

PRIVAT, J.-M. (1993). L'institution des lecteurs. *Pratiques*, 80.

RANGEL, E. d. O. (1994a). Observações sobre o diário e o diarismo. XXIII ANAIS de SEMINÁRIOS DO GEL, v. 1, Ribeirão Preto, pp. 82-87.

_____. (1994b). Sexualidade e discurso: o verbo feito carne. Dissertação. (Mestrado em Lingüística). Instituto de Estudos Lingüísticos, UNICAMP, Campinas.

RICHARDS, J. C. & NUNAN, D. (1990). *Second Langage Teacher Education*. Cambridge: Cambridge Language Teaching Library.

ROSAT, M.-C. (1995). Un texte explicatif documentaire – une expérience d'enseignement à des élèves de 6ème primaire. Dissertação. (Doutorado em Ciências da Educação). Faculté de Psychologie et des Sciences de l'Education, Université de Génève.

ROULET, E., AUCHLIN, A., MOESCHLER, J., RUBATTEL, C. & SCHELLING, M. (1985). *L'articulation du discours en français contemporain*. Berna: Peter Langue.

SCHNEUWLY, B. (1988). *Le langage écrit chez l'enfant. La production des textes informatifs et argumentatifs*. Neuchâtel/Paris: Delachaux & Niestlé.

SCHNEUWLY, B. (1994). Genres et types de discours: considérations psychologiques et ontogénétiques. *In*: Y. REUTER (Ed.), ACTES DU COLLOQUE DE L'UNIVERSITÉ CHARLES-DE-GAULLE III. *Les interactions lecture-écriture*. Neuchâtel: Peter Lang, pp. 155-73.

_____. (no prelo). Apprendre à écrire – une approche socio-historique. *In*: J.-Y. BOYER, J.-P. DIONNE & P. RAYMOND (Ed.), *La production écrite*, Berna: Peter Lang.

SCHUBAUER-LEONI, M. L. (1986). *Maître-élève-savoir: analyse psychosociale du jeu et des enjeux de la relation didactique*. Dissertação. (Doutorado em Ciências da Educação). Université de Génève.

SPRADLEY, J. P. (1979). *The Etnography Interview*. Nova York: Holt, Rinehart and Winston.

_____. (1980). *Participant Observation*. Nova York: Holt, Rinehart and Winston.

TODOROV, T. (1978). *Os gêneros do discurso*. São Paulo: Martins Fontes, 1980. (Ensino Superior).

TOULMIN, S. (1958). *Uses of Argument*. Cambridge: Cambridge University Press.

VERCIER, M. (1978). Michelet, journal de voyage et journal intime. *In*: V. del LITTO (Ed.), Genebra. *Le journal intime et ses formes littéraires. Actes du colloque de septembre 1975*, Genebra-Paris: Droz, pp. 49-60.

VIGOTSKI, L. S. (1930). O instrumento e o símbolo no desenvolvimento da criança. *In*: COLE *et alii* (Org.), *A formação social da mente*, São Paulo: Martins Fontes, 1984, pp. 21-33.

_____. (1934). *Pensamento e linguagem*. 42ª ed., Lisboa: Antídoto, 1979.

ZEICHNER, K. M. & LINSTON, D. (1987). Teaching Student Teacher to Reflect. *Harvard Educational Review*, 57(1).

Anexos

ANEXO I: Textos utilizados para a produção dos diários

ÂNGELO, I. (1986). Dénouément. *In*: _____, *A face horrível – Contos*. Rio de Janeiro: Nova Fronteira, 1986.

BARBOSA, S. A. M. & AMARAL, E. (colaborador). (1990). *Escrever é desvendar o mundo*. Campinas: Papirus.

CAMPOS, P. M. (1976). Os diferentes estilos. *In*: F. PAIXÃO (ed.). *Para gostar de ler*, v. 4, São Paulo: Ática, 1992, pp. 39-42 (Crônicas – Edição Didática).

ECO, U. (1970). Cultura de massa e "níveis" de cultura. *In*: _____, *Apocalípticos e integrados*. São Paulo: Perspectiva, 1970, pp. 33-67. (Debates.)

FLÜSSER, V. (1979). As vacas. *In*:_____, *Naturalmente*. São Paulo: Duas Cidades, 1979.

GENOÍNO, J. (1991). Um socialismo revigorado. *Folha de São Paulo*, 10 de maio de 1991, Tendências e Debates.

JABOR, A. (1991). Choram as quatro damas do baralho nacional. *Folha de São Paulo*, 26 de setembro de 1991.

LEMINSKI, P. (1987). Poesia: a paixão da linguagem. *In*: S. CARDOSO et al., *Os sentidos da paixão*. São Paulo, Companhia das Letras, 1987, pp. 283-91.

POSSENTI, S. (1986). Uma variante é variante de quê? *ABRALIN*, Boletim 8, Recife, pp. 107-17.

ANEXO II: Questionário de avaliação do curso

Você está recebendo um questionário que tem dois objetivos:
a) propiciar um momento de reflexão e de síntese do processo que cada um de nós, individualmente, experenciou;
b) levantar dados para a análise do processo que vivemos em conjunto, neste semestre, neste curso.

A seriedade da reflexão e a sinceridade de suas respostas são os requisitos mais importantes, para que possamos ter uma visão adequada do que foi desenvolvido, o que pode tornar possível a readequação da proposta e de nossas atitudes frente ao ensino e à aprendizagem.

Contando com isso, peço-lhe que, em todas as respostas, sempre que possível, você coloque trechos de seu diário ou relatos de fatos que as exemplifiquem ou comprovem.

1. Você se engajou na proposta do curso desde o início, no meio do processo ou não se engajou? Por quê? O que o/a levou a isso?
2. Revendo o seu diário, você percebe alguma mudança na forma de elaborá-lo? Qual? A que você atribui essa mudança?
3. Você teria alguma coisa a dizer sobre os comentários que o professor fez a ele?
4. Ainda com base no diário, indique se você percebe mudanças e/ou aprendizado quanto:
a) ao seu modo de compreender a linguagem;
b) ao seu processo de leitura;
c) ao estudo e à aprendizagem;
d) a itens do conteúdo;
e) a qualquer outro aspecto (social, intelectual, emocional, etc.).
5. Se houve mudanças ou aprendizado, o que você acha que o professor e seus colegas fizeram para ajudá-lo? Indique ações, fatos.
6. Se houve, ou não, mudanças e aprendizado, o que você acha que você fez para isso? Indique ações e processos mentais.
7. Que papel tiveram os textos estudados nesse processo?
8. Que papel teve o sistema de avaliação?
9. Se houve mudanças e/ou aprendizado, elas têm-se refletido em outras áreas ou atividades? Quais? Como?
10. Você observou alguma modificação no comportamento, na participação, na leitura, na escrita ou em qualquer outro aspecto, em algum colega?
11. Quais são as críticas e sugestões que você faria para que o curso melhorasse?

12. Que comparação você faria entre o curso do primeiro semestre e o do segundo?
13. Registre, numa frase curta, a síntese de sua reflexão neste questionário.
14. Depois de tanta pergunta dirigida, deixo você livre para me perguntar o que quiser. De qualquer forma, muitíssimo obrigada.

IMPRESSÃO E ACABAMENTO

YANGRAF
GRÁFICA E EDITORA LTDA.
TEL/FAX.: (011) 218-1788
RUA: COM. GIL PINHEIRO 137